ROMANS, CONTES
ET
NOUVELLES LITTÉRAIRES.

1.re SÉRIE. — L'Orient.

TOME Ier
LES ARABES.

ROMANS, CONTES,

ET

NOUVELLES LITTÉRAIRES;

HISTOIRE

DE LA POÉSIE ET DE LA LITTÉRATURE

CHEZ TOUS LES PEUPLES.

1.re SÉRIE. — L'Orient.

TOME Ier

LES ARABES.

STRASBOURG, imprimerie de F. G. Levrault.

VOYAGE

DE VICTOR OGIER

EN ORIENT;

PAR JULES JANIN.

PARIS,
Chez F. G. Levrault, rue de la Harpe, n.º 81.

STRASBOURG,
Même maison, rue des Juifs, n.º 33.

1834.

PRÉFACE.

Virginibus puerisque.
HORACE.

Je n'ai pas besoin de faire une préface à ce livre. J'ai essayé, dans le courant de ce premier récit, d'expliquer quel est mon but et quel plan je me suis tracé. Mon but, c'est de faire, en plusieurs volumes et de publier en plusieurs années, une histoire complète de la poésie et de la littérature chez tous les peuples du monde. Mon plan, c'est de mettre cette histoire à la portée des intelligences les moins avancées, à l'aide d'un petit roman, qui en déguisera la sécheresse. Je tâcherai d'adapter chacun de ces romans à chaque nouveau peuple que je rencontrerai sur le chemin de la poésie.

Il me semble qu'en faisant de cette histoire poétique une espèce de contes pour la jeunesse, je cours un moins grand risque, d'abord de fatiguer l'attention de mes lecteurs, et ensuite de commettre des erreurs pour lesquelles je me sens des dispositions surnaturelles. Mon plan a donc deux avantages principaux, l'intérêt de la lecture et la facilité de l'exécution ; un conte littéraire, comme je l'entends, ne demandant pas l'ordre et l'exactitude chronologiques, comme les voudrait l'histoire.

Si cependant quelques censeurs chagrins me reprochaient justement ce plan que je trouve si bien conçu, en disant que le roman ne sera jamais de l'histoire, et que je risque de donner à mes jeunes lecteurs de fausses idées du beau et du grand dans toutes les langues, ma réponse sera facile. S'il est vrai que la poésie ne soit qu'une fiction, qu'importe que je fasse l'histoire de cette fiction à l'aide d'une autre fiction ? Qu'importe que je parle des romanciers et des poètes dans un roman ou dans une table chronologique ? Puisqu'il ne s'agit pas ici des faits, mais des idées ; des hommes, mais bien des choses ; des histoires, mais bien des rêves ; des guerriers, mais bien des écrivains ; des royaumes et des républiques, mais bien de la seule durable et éternelle république, la république des lettres : pourquoi n'aurais-je pas le droit de composer une suite de petits romans, où seront reproduits toutes les fictions, toutes les idées, tous les hommes littéraires ? Et puis il me semble que je ne demande pas trop de reconnaissance pour toutes les peines que je me donne, en priant seulement les censeurs de ne pas confondre mon livre avec les *Lettres à Émilie sur la mythologie*, les *Lettres à Sophie sur l'histoire*, les *Lettres à Virginie sur l'entomologie*, et autres lettres moitié vers, moitié prose, qui n'ont, la plupart du temps, que de la rime et point de bon sens. Au reste, le lecteur en jugera.

Ce premier volume de mes contes est tout entier consacré à la poésie des Arabes. Le volume suivant parlera de la poésie des Hindous; les Chinois viendront ensuite; les Hébreux auront leur roman à part, mais plus tard, quand la Bible deviendra toute une école litttéraire. Ainsi sera complétée cette grande trilogie, l'Arabie, l'Inde et la Chine, qui forme, à proprement dire, la littérature de l'Orient.

Je serais bien loin de la vérité, si je disais qu'avant de commencer l'histoire de cette première période de la poésie dans le genre humain, je n'ai éprouvé ni hésitation, ni embarras. Au contraire, jamais on n'a été plus perdu du côté nuageux de la colonne de lumière, que je l'étais moi-même en commençant ce travail. Ce n'est pas qu'on ne parlât beaucoup parmi nous de l'Orient; au contraire, depuis quelques années l'Orient est aussi fort à la mode parmi nous que le seizième siècle : ce qui n'empêche pas que l'Orient ne nous soit encore moins connu que le seizième siècle. Il m'a donc fallu, avant d'entreprendre cette histoire, ou si vous l'aimez mieux, ce conte littéraire sur la poésie orien-

tale, prendre mes informations de toutes parts.
— Qu'est-ce que la poésie orientale ? Où la trouver ? Où commence-t-elle ? Et où finit-elle ? Quels sont les livres qui en parlent ? Toutes questions que je faisais d'abord en tremblant et en rougissant de mon ignorance ; mais depuis je me suis bien fort rassuré, en voyant que personne n'en savait guères plus que moi là-dessus.

Alors j'ai pris mon courage à deux mains, et laissant de côté un vain orgueil, je me suis fait aussi petit que peut l'être le plus petit de mes lecteurs, et j'ai été frapper à la porte de toute science orientale, de tout langage oriental, à la porte de M. le baron Silvestre de Sacy. Je n'ai pas eu besoin de frapper, la porte était toute grande ouverte ; M. de Sacy lui-même est venu au-devant de moi avec toute bonté et toute indulgence ; je lui ai conté naïvement ce qui m'amenait à lui, et comment je prétendais faire pour les petits enfans l'histoire de la poésie arabe, que je ne connaissais que par ouï-dire. M. de Sacy m'a écouté avec cette inépuisable indulgence de tout homme supérieur ; il n'a paru nullement étonné de mon ignorance, ce qui m'a rassuré quelque peu. En même temps il a répondu à toutes mes questions avec une clarté parfaite ; il m'a dit autant qu'il peut le dire (et nous savons tous que c'est là un homme clair, éloquent, logique, savant), ce que c'était que la poésie arabe, et quand je lui ai demandé où elle était, il m'a confié toute une bibliothèque composée de ses livres, ou des livres de ses élèves, ou des livres qu'on lui envoie de toutes les parties du monde, et il m'a dit : *C'est là!* J'ai quitté le savant et illustre vieillard, pénétré de reconnaissance pour son obligeance et d'admiration pour son savoir et sa modestie.

Un autre secours bien inespéré qui m'est arrivé dans ce travail sur la poésie arabe, c'est le secours de M. de Lamartine. Le jour même où je commençais mon livre, M. de Lamartine arrivait de l'Orient; il avait été chercher en Orient, cette source de toute poésie, la confirmation de sa poésie à lui, et il en revenait tout chargé d'admiration, de souvenirs, et aussi tout chargé de chagrins ; car dans ces sables brûlans il a perdu son enfant, sa fille unique.

Vous concevez donc que c'est là un double bonheur et une double rencontre inespérée pour faire un pareil livre. Parler à la fois à M. de Sacy, qui a retrouvé la langue des Arabes, qui la représente en Europe, qui en est le grand-maître pour ainsi dire; et parler à M. de Lamartine, qui a mieux fait que de retrouver la langue de la poésie orientale, qui en a retrouvé le mouvement, la passion, le coloris, la chaleur, les élancemens vers le ciel! Entendre celui-ci vous dire : Voici les poètes *de l'Orient, lisez-les!* Entendre celui-là vous lire sa poésie, et se dire à soi-même : *Voici la poésie de l'Orient, écoutons-la!* Si bien que j'ai pris à M. de Sacy ses admirables traductions, que j'ai pris à M. de Lamartine ses émotions et ses sentimens, et d'admirables pages tout entières, comme aussi j'ai pris à M. de Châteaubriand tout l'itinéraire de son voyage à Jérusalem. Avec de pareils secours le moyen de ne pas faire un livre passable? Cependant je tremble bien fort en songeant que je vais parler de ces sables et de ces ruines foulées avec tant de respect par nos deux grands poètes, nos deux grands voyageurs, MM. de Châteaubriand et de Lamartine; sables mouvans sous le souffle de Dieu, qui cependant garderont les empreintes éternelles de ces trois grands passagers : Napoléon, Châteaubriand, Lamartine.

Ce qui me rassure, c'est qu'à proprement dire ce n'est pas là un livre pour les hommes, ce sont des contes pour les enfans. Ne pouvant leur enseigner ce que je ne savais pas moi-même, j'ai mis en ordre ce que j'avais appris pour le leur redire. Tout mon devoir était donc de puiser aux meilleures sources, je l'ai fait; j'ai pris tout ce que j'ai pu prendre aux plus grands et aux plus illustres, et sans avertir personne; je me serais adressé à d'autres, si j'en avais su de plus infaillibles. Si mon livre est utile, je n'en veux rien pour moi, je demande pour mes maîtres toute la reconnaissance de mes jeunes lecteurs. Mais qu'est ce-que la reconnaissance d'un enfant? Un souvenir confus à dix ans de là.

C'est à ce souvenir confus à dix ans de distance que j'adresse ces tout petits livres. L'enfance est l'âge des impressions fugitives, des souvenirs confus, des idées qu'on entasse pour les retrouver plus tard. Faisons en sorte seulement que ces impressions soient agréables, que ces souvenirs soient utiles, que ces idées soient honnêtes, et laissons faire le temps.

Au reste, les premiers volumes une fois acceptés par mes jeunes lecteurs, je serai bien plus à l'aise; d'abord, parce nous aurons fait connaissance eux et moi; ensuite, parce qu'une fois échappé à la poésie Arabe, au théâtre Indou et aux beaux esprits Chinois, je serai bien plus sûr de moi-même. J'entrerai alors sur un terrain que je connais mieux, comme tout le monde, la Grèce, l'Italie, la France, l'Angleterre, l'Allemagne, l'Espagne. Que de joie en songeant que dans toutes ces histoires si pleines de guerres et de révolutions, nous n'avons à parler que de vers et de prose, de romans et de contes, de savans et de grands hommes! C'est là, j'espère voir l'humanité sous son noble et saint aspect.

Voilà la pensée qui m'a soutenu dans ce long et pénible travail. N'être occupé que de grandes et belles idées, faire l'histoire de l'esprit humain, en laissant de côté les misères de l'humanité; marcher entouré de grands hommes et de grandes choses; juger les siècles par leurs progrès et les hommes par leurs bienfaits; considérer la puissance du point de départ du génie, et laisser de côté la force, cette puissance brutale qui n'a produit que des ruines; enfin s'abandonner à un travail caché et modeste, n'avoir ni gloire à espérer, ni calomnies à craindre, parler seul à seul à de jeunes et naissantes intelligences, quoi encore? renoncer à ce qu'on appelle la littérature en faveur de ces enfans, qui ne se doutent pas qu'on leur fait un sacrifice : que de raisons pour entreprendre et pour terminer ce travail!

J'ai pris pour épigraphe deux mots de notre poëte Horace, cet arbitre suprême de la poésie et du goût; deux mots qui résument tout l'auditoire que j'ambitionne pour mon livre, car mon livre s'adresse uniquement aux jeunes filles et aux jeunes garçons.

Virginibus puerisque.

J. J.

LES VOYAGES
DE
VICTOR OGIER EN ORIENT.

―――

CHAPITRE PREMIER.

Préliminaires.

Notre ami Victor Ogier, autrefois notre bon et joyeux camarade de collége, avait été, jusqu'à vingt ans, un enthousiaste jeune homme, fort amoureux du beau et du bon sous toutes les formes, mais s'inquiétant peu d'approfondir la poésie, qu'il acceptait comme elle lui venait à l'ame et au cœur. A vingt ans on réfléchit peu, et c'est là un des malheurs de la jeunesse. A vingt ans on s'abandonne aux premières impressions venues : trop heureux le jeune homme, quand ces impressions sont des impressions de sagesse et de vertu ! Nous autres, les jeunes gens et bientôt les hommes d'aujourd'hui, nous n'avons pas été élevés avec toute prévoyance; le hasard, plus que tout autre maître, a présidé à notre éducation physique et morale. Plusieurs révolutions ont passé sur notre berceau et sur notre jeunesse; chacun de nos premiers pas dans la vie a été signalé par un changement subit au dedans ou au dehors. Tel homme de trente ans aujourd'hui est venu au monde sous une République; à quatre ans le même enfant était le sujet d'un Empereur. Nous avons grandi ainsi sous les batailles d'Austerlitz et de Marengo, auréoles brillantes, que nous ne comprenions pas encore, mais dont le reflet tombait sur nos jeunes fronts. A chaque instant les études premières de notre enfance ont été dérangées par une gloire nouvelle. Quand nous apprenions à lire, et à l'instant même où nous épelions les lettres de l'alphabet, nous entendions un bruit dans la rue et alors — *vive l'Empereur!* Nous sortions de l'école tout petits, tout joyeux, tout animés, tout brillans, et nous regardions les soldats passer dans la rue! Les soldats revenaient de la bataille; ils étaient tout brûlés par la poudre, tout couverts de poussière, tout blessés, tout glorieux. Oh, les beaux hommes que c'étaient ! Ils étaient si grands, nous si petits ! ils étaient si forts, nous si faibles ! ils venaient de si loin, nous sortions des bras de notre mère; ils étaient si ridés, nous si frais ! La France guerrière passait tambour battant, et nous, ses petits enfans, nous suivions ses traces, marchant au pas comme nous pouvions et ramassant quelques brins de laurier qu'ils laissaient tomber sur leur passage : ils en avaient tant recueilli dans leur chemin !

Et ce jour-là, adieu l'école, adieu la maîtresse grondeuse, adieu le livre ! Le soir venu, chaque enfant rentrait dans la maison paternelle; et là, savez-vous ce qui arrivait ? Il arrivait que nous trouvions au coin de notre feu un de ces guerriers que nous avions vus passer tout armés le matin. C'étaient bien les mêmes de ce matin qui passaient au bruit du tambour; ils venaient en passant se reposer au foyer de leur hôte. — « Un dîner et une nuit, mon hôte ! » Quelle heureuse surprise pour l'enfant qui voyait en rentrant un des soldats de l'Empereur assis chez son père ! un soldat en chair et en os, tout velu, et assis au coin du feu comme un autre homme! Nous approchions d'abord à petits pas, bien craintifs, bien timides, peureux et poltrons, Dieu sait! Mais quand le soldat voyait l'enfant, il étendait vers lui ses grands bras, ses larges mains; le soldat le prenait sur ses genoux, comme Coriolan l'enfant du roi des Volsques. Non, jamais sensation plus profonde ne se peut concevoir : toucher cette main triomphante, être assis sur ces genoux robustes, sentir ce soldat qui vous embrasse avec transport, et qui vous embrasse comme son fils, lui soldat qui n'a pas de famille! Quelle fête pour nos jeunes ames! Bientôt on se mettait à table; l'enfant restait assis sur le genou du soldat; il mangeait dans son assiette, il buvait dans son verre; il chantait ses chansons : à la fin du dîner il le prenait par ses moustaches et il dansait sur ses genoux; tant il s'était enhardi! Ce sont là de ces bonheurs électriques qui ne s'oublient jamais, même quand l'enfant est devenu un vieillard!

Ainsi cette journée de victoire s'est passée en criant: *vive l'Empereur!* Nous avions dîné sur les genoux d'un soldat, et le soir, pour remplacer les leçons de la bonne femme qui nous enseignait à lire, nous avions les leçons du soldat, qui nous disait : « Vive l'Empereur ! on n'a pas besoin d'apprendre à lire ; moi je ne sais pas lire, et j'ai la croix d'honneur. Vois-tu, mon enfant, pourvu qu'un homme sache tenir un fusil, mettre en joue et envoyer sa balle, marcher en avant sans crier « gare ! », n'avoir peur de rien au monde, supporter le froid et les étés, la glace et le soleil, la faim et la soif, un homme en sait toujours assez. Ainsi, mon petit, il faut apprendre de bonne heure à être soldat ; tu sauras toujours assez lire pour te faire tuer. Vive l'Empereur ! »

Et pendant huit jours nous, les enfans de cinq ans, nous évitions l'école, nous jetions nos livres çà et là, et nous criions à perdre haleine : *Vive l'Empereur ! vive l'Empereur !*

Comment aurions-nous pu nous pousser bien avant dans les sciences au milieu de distractions pareilles ? Dans ce temps-là pas un jour ne se passait sans une victoire à célébrer, pas un jour ne se passait sans un

Te Deum à chanter. Pas un jour ne se passait sans que nous fussions témoins de nobles départs et de glorieux retours : départ de jeunes conscrits pleins d'ardeur, retour de jeunes soldats mutilés ; les uns qui allaient à la gloire, les autres qui allaient à l'hôpital. Tantôt nous nous arrêtions pour crier « victoire ! », tantôt pour verser une larme. Envie et gloire pour ceux qui partaient, gloire et pitié pour ceux qui revenaient ! Notre enfance s'est passée ainsi ; nous avons appris à lire au hasard. C'est aussi par hasard que nous sommes entrés au collége. Dans ce temps-là un collége était moins un collége qu'une caserne ; on eût dit, à voir ces casernes, que le vieux soldat de tout à l'heure avait présidé à ces institutions pour la jeunesse. Dans ces colléges établis pour la jeunesse de l'empire on voyait bien plus de fusils que de livres ; tout était militaire en ces temps-là dans les écoles, l'habit, la maison, la tenue, l'exercice. On apprenait le latin comme on pouvait et comme on avait appris à lire, au hasard. Dans ce temps-là on ne songeait qu'à faire de toute la jeunesse de France des soldats ; quiconque avait la taille de cinq pieds et l'âge de dix-sept ans était soldat. Vive l'Empereur! voilà toute la poésie de cette époque; l'Empereur, c'est toute la préoccupation de nos colléges! l'Empereur, c'est le seul grand poète, le seul grand historien, le seul grand homme de lettres dont nous ayons entendu parler au collége. L'Empereur! il n'y avait que l'Empereur au monde; c'était pour nous tout le passé, tout le présent, tout l'avenir. Vous ne sauriez croire quels étaient ces colléges de l'empire! Quand Napoléon-le-Grand était loin de son empire, dans son camp, sous sa tente, entouré de ses cent mille hommes, nous enfans, nous ne pouvions pas avoir d'autre pensée : que nous importait Alexandre, que nous importait César, que nous importaient les aigles des légions romaines, pendant que notre Alexandre, notre César, nos aigles, et nos légions aussi rapides que nos aigles, soumettaient ici-bas le monde à l'empire français? Que nous importaient ces langues vieillies, pendant que la France soumettait à la fois le monde à sa langue et à ses armes? Aussi dans nos colléges c'était un bruit, c'était un tumulte, c'étaient des cris de victoire et de rage, c'étaient des évolutions militaires dans les cours du collége; c'était le bruit, le tumulte, le courage, le désespoir, l'orgueil, l'imprévoyance, mais aussi l'ignorance des camps. Ainsi se passaient les jours de notre adolescence, et le jour commençait par cette prière : vive l'Empereur ! et le jour finissait par la même prière : vive l'Empereur !

Figurez-vous que toute la France, vieille ou jeune, était obsédée par ce mouvement militaire. C'était dans toute l'Europe un flux et un reflux de victoires et de conquêtes, un bruit assourdissant de tambours et de trompettes ; vous prêtiez l'oreille, vous entendiez marcher des armées, tomber des villes ; des royaumes croulaient, des trônes se brisaient, des peuples se fondaient parmi des peuples ; il y avait des hommes qui devenaient des rois, des rois qui redevenaient des hommes ; partout en France c'était un encombrement de vieilles royautés qui venaient se retremper à la Majesté impériale, et de jeunes royautés qui s'en allaient chercher un royaume avec un *bon* de l'Empereur. Nous avons vu ainsi, tout petits et tout jeunes enfans, toutes ces gloires et toutes ces merveilles. Il y a tel petit front qui a senti descendre sur lui la bénédiction du saint Père! Partout ce n'étaient que princes et princesses, rois et reines, maréchaux et soldats; partout broderies, nobles chevaux, riches armures; partout le bruit des batailles, le chant des cantiques, partout l'empire! D'autres fois c'était un enfant qui naissait, et qui était en naissant Roi de Rome, sauf à être plus tard quelque chose comme était son père. Hélas! ce pauvre noble enfant, brûlé par ce sang trop vigoureux qui bouillonnait dans ses veines mêlé à du sang allemand, nous l'avons vu mourir, il n'y a pas long-temps, et celui qui devait être l'Empereur des Français n'était même plus le Roi de Rome. Il est mort : on dit que c'est pour avoir voulu porter à deux mains l'épée de son père; l'effort a été trop grand pour cet enfant, il a succombé. Songez cependant que l'épée de son père n'était pas le seul fardeau qui l'attendait; il avait encore à porter la couronne de son père : deux grandes charges! le duc de Reichstadt a bien fait de mourir!

Cependant, tout incomplète qu'elle a été, cette éducation dans les colléges de l'empire n'a été ni malheureuse, ni mauvaise. Une enfance occupée, comme a été la nôtre, de tant d'imposans spectacles, ne pouvait pas être une enfance mal employée. Nous avons vu, en nous jouant, naître, grandir et tomber l'empire de Bonaparte; nous avons assisté, en nous jouant, à toutes les catastrophes sanglantes, dont le contre-coup se faisait sentir d'un pôle à l'autre. Tant de spectacles étranges n'étaient pas sans poésie : pendant que les autres générations d'enfans étudiaient la poésie écrite, nous assistions, nous présens, à une histoire qui devait être de la poésie plus tard; pendant que les autres enfans s'élevaient à la poésie de toute la force de leur intelligence, la poésie nous venait à nous toute faite, et toute parlée, et toute écrite sur le bronze, sur le marbre, dans les discours du peuple, dans les bulletins de toutes ces grandes armées. Nous ne lisions pas l'Iliade, nous autres, mais nous voyions passer Bonaparte; nous ne savions guère ce que c'était que l'Énéide, mais nous apprenions jour par jour, heure par heure, l'expédition de Moscou. On ne nous parlait guères des tragédies d'autrefois, d'Eschyle et de Sophocle, mais de terribles tragédies se passaient sous nos regards. Les mêmes hommes que notre enfance avait vus devenir des rois, notre adolescence les voyait redescendre au rang des hommes; l'enfant que notre enfance avait salué du nom de Napoléon II, notre adolescence le suivait dans les chemins aux bras de sa mère; les armées que nous avions vues partir triomphantes et innombrables, revenaient battues et représentées par quelques hommes. Ainsi en si peu de temps, en moins de dix années, de 1804 à 1814, nous avons passé à travers les périodes les plus opposées de l'histoire la plus poétique du monde. Nous n'avions pas beaucoup étudié, il est vrai, mais nous avions beaucoup vu; nous ne savions pas, il est vrai, comment s'apprenait l'histoire, mais nous savions comment se fait l'histoire; nous ne connaissions guère les grands hommes d'autrefois, mais nous avions vu de près les grands hommes des temps présens. Tout enfans que nous étions, nous avions vu deux choses qu'on ne voit pas deux fois en un siècle, un grand homme qui vient et qui s'en va comme il est venu, par un coup de tonnerre. A dix ans cependant nous étions destinés à assister encore à un spectacle non moins étrange : nous avons vu une vieille monarchie revenir et s'en aller de nouveau comme elle était revenue, sans savoir pourquoi.

Le moyen d'avoir été des enfans longtemps, nous qu'on a traités dans notre enfance, comme si nous avions été des hommes en sortant de la nourrice ! Figurez-vous donc qu'un matin, pendant que nous étions à lire nos livres, plus calmes, c'est-à-dire plus tristes que d'habitude, on vint nous déranger encore pour voir passer des armées. Cette fois, par je ne sais quel pressentiment secret, qui arrive aux enfans comme aux hommes, nous nous levâmes en silence; nous avions peu envie de voir l'armée qui allait venir. Mais aussi quelle armée ! ce n'étaient plus nos soldats qui revenaient joyeux et regardant autour d'eux pour chercher des regards amis, les soldats qui embrassaient le tout petit enfant au foyer domestique : c'étaient les soldats de l'étranger. Ceux-là ne connaissaient ni nos villes riantes, ni notre beau ciel tout bleu, ni nos étoiles éparses dans le ciel, ni notre beau soleil qui réchauffe sans brûler. Ceux-là ne savaient pas notre langue qui parle tous les langages; ceux-là étaient des étrangers qui foulaient notre sol. Nous reconnûmes tout de suite, nous autres enfans de dix ans, que quelque chose était arrivé dans la fortune de la France, et qu'une étoile s'était éclipsée là-haut dans le ciel : nous baissâmes nos regards et nous nous prîmes à pleurer.

Le lendemain de l'invasion quelle surprise! tout changea dans nos colléges. Nous ne fûmes plus réveillés par le son du tambour, ce fut la cloche qui nous réveilla. On nous ôta nos uniformes, on nous redemanda nos fusils; nous déposâmes notre drapeau et notre croix d'honneur attachée au ruban rouge; nous fûmes traités tout-à-fait comme l'armée de la Loire; nous étions soldats depuis que nous étions nés : on nous fit citoyens. Nous aimions à crier « vive l'Empereur! », on nous força de crier « vive le Roi! »; nous pensions que tout homme était destiné à se battre : on nous apprit qu'il n'y avait plus de guerre nulle part, et tout inquiets, nous demandions comment nous ferions désormais pour vivre, à présent que nous n'avions plus le droit d'aller nous faire tuer par l'ennemi?

Je passe sous silence d'autres événemens inouis qui vinrent à chaque instant nous distraire de nos études. Tantôt c'était l'exilé de l'île d'Elbe qui revenait tout seul et que la France recevait l'arme au bras; l'aigle impériale allait de tours en tours se reposer une dernière fois sur les tours de Notre-Dame. Tantôt c'était la bataille de Waterloo, où restait sur le champ de bataille toute la France guerrière, et alors revenait la maison de Bourbon, que nous ne connaissions que par ouï-dire. Il fallut bien se soumettre pourtant à ces rois de l'ancienne France et demander qui ils étaient et d'où ils venaient? Jugez de notre étonnement, quand nous trouvâmes dans l'histoire que Louis XVIII descendait de S. Louis, de François Ier, de Louis XIV, de toute cette série de rois, maîtres glorieux de la France, dont la majesté avait fait halte sur l'échafaud, pour faire place à cet homme qu'on appelait l'Empereur. Vous voyez qu'il a fallu la chute de l'empire pour nous forcer à apprendre un peu d'histoire ; l'Empereur vivant, qu'avions-nous besoin d'apprendre l'histoire ? c'était lui qui la faisait, lui qui l'avait faite avec nos pères hier, lui qui l'aurait faite le lendemain avec nous !

Voilà pour nos études historiques. Quant à nos études poétiques proprement dites, la poésie ne nous manquait pas plus sous la restauration, qu'elle ne nous avait manqué sous l'empire. Sous l'empire nous avions les grandes actions qui nous servaient de poésie : sous la restauration nous avions le souvenir de ces hauts faits et du héros qui n'était plus ; car il était mort sur son rocher de Sainte-Hélène : il était mort ! Cette nouvelle nous arriva que nous avions déjà dix-sept ans, comme nous étions un jour à la promenade, par la voix du même crieur public qui criait les complaintes des héros de la place de Grève. L'Empereur était mort ! nous perdîmes un jour d'études à le pleurer, lui qui nous avait fait perdre tant de jours d'études à vanter sa gloire : l'Empereur est mort! De cette mort nous prîmes notre point de départ poétique. Par sa vie, Napoléon avait ouvert un nouveau monde à l'historien : il ouvrit par sa mort de nouveaux chants à la poésie. Son bras nous conquit plusieurs royaumes que nous avons perdus; mais au rocher où il est mort nous avons découvert des plages poétiques tout-à-fait nouvelles, que nous ne perdrons jamais. Sous l'influence de cette mort lord Byron préluda à la poésie qui a fait M. de Lamartine; Casimir Delavigne trouva ce son harmonieux et pur qui fut un commencement de révolution en poésie; Béranger nous donna cette ode populaire qui nous débarrassa de ces pompeuses et froides inspirations lyriques des poètes selon Rousseau. Victor Hugo fit ses premiers vers en bégayant le nom de Napoléon; Napoléon le grand combat, le grand mystère, la grande pensée, la grande terreur de ce temps-là; Napoléon le rêve des uns, l'épouvante des autres; ici pleuré, là maudit, ici un dieu, là moins qu'un homme; Napoléon la passion, le regret, l'amour, la vanité, l'orgueil du peuple. Sa mémoire nous jeta dans une atmosphère de poésie qui renvoya à tout jamais dans les ténèbres cette chose triviale et commune, ce vers plat et prétentieux, ces inventions puériles et copiées, ce théâtre misérable, ces poèmes sans couleur et sans vie, cet esprit bâtard et médiocre qu'on appelait déjà la poésie de l'empire, et qui, vu de loin ou de près, produit sur le velours du manteau impérial l'effet non pas d'une tache, mais d'un large trou qu'on aurait raccommodé avec de la bure. Ainsi, grâce à la vie, et grâce à la mort de l'Empereur, la France de 1804 a gagné en émotions, en souvenirs, en justesse d'esprit, en imagination, ce qu'elle a perdu du côté de la science, du côté de la grammaire, du côté de l'histoire, en un mot du côté de ce qu'on appelle les humanités, ce qui comprend trois choses dont on nous a beaucoup parlé au collége, mais qu'on ne nous a jamais enseignées au collége, la grammaire, la rhétorique et la logique.

Mais hélas! je m'aperçois que cette histoire de toutes nos interruptions littéraires serait bien longue, si je voulais qu'elle fût complète : je vais la résumer en quelques lignes, et cela suffira pour vous faire comprendre que de jours nous avons perdus dans nos études. Le second retour de l'empereur nous a ôté cent jours; puis la restauration nous a jetés dans des choses nouvelles qui nous ont fait perdre bien du temps; puis les alliances de la maison de Bourbon au dehors; puis cet enfant qui est né pour le trône de France, le jeune enfant que nous avons vu naître aussi, le second enfant que nous avons vu partir; puis ce prince assassiné, horrible histoire qui nous a tous fait frémir, comme tout assassinat politique; puis Louis XVIII qui meurt, et qui a dû être bien étonné et bien heureux de mourir roi de France, d'être porté sous les fleurs de lys et enterré dans le tombeau des rois de France. J'imagine que la mort de Louis XVIII a été la dernière interruption jetée dans nos études. Peu de temps après nous sommes sortis du collége aussi vieux, aussi avancés, aussi blasés, aussi désespérés, que si nous étions déjà des hommes faits, tant nous avions été ballottés de grands hommes en grands hommes, de révolutions en révolutions, tant on nous avait enseigné à blâmer le lendemain ce qu'on nous avait fait adorer la veille! Dieu vous préserve, mes enfans, de ces incertitudes malheureuses de l'éducation. A ce prix c'est même payer trop cher l'immense spectacle de gloire et d'infortune de tout genre, dont nous avons été les témoins au berceau, à l'école, au collége, et dans le monde entier; car à peine dans ce monde, nous avons vu mourir la monarchie des Bourbons, et s'enfuir l'enfant des Bourbons, comme nous avions déjà vu mourir l'empire et s'enfuir l'enfant de Bonaparte.

CHAPITRE II.

Ce que c'était que Victor Ogier.

Victor Ogier était, comme je vous l'ai dit, un de nos condisciples, plus jeune que nous de quatre ou cinq ans, mais d'une intelligence aussi avancée que la nôtre, et écolier aussi distingué que le plus âgé d'entre nous; car, bien qu'il fût le plus jeune, comme il avait été moins troublé dans ses études, et moins souvent mené de gauche à droite, il avait fait des progrès plus rapides et plus sensés. Il fut donc de très-bonne heure un jeune homme distingué, qui promettait de devenir un homme de mérite. A peine sorti du collége, il s'abandonna, comme les autres, à cette première liberté de la jeunesse, si dangereuse quand on en abuse, mais aussi si profitable quand on sait s'en servir. Notre ami n'abusa pas de sa liberté. C'est une grande faute, en général, de faire aux jeunes gens trop de peur du monde extérieur ; puisqu'ils doivent vivre dans le monde, pourquoi donc leur en faire à l'avance de si terribles peintures ? Victor Ogier se trouva d'abord à l'aise au milieu des hommes ; la société était loin d'être aussi dangereuse qu'on la lui avait faite. C'est un si beau privilége, la jeunesse ! Un jeune homme affable et modeste, homme de sens et de courage, poli sans bassesse, fier sans orgueil, instruit sans le paraître, qui sait écouter et se taire, qui sait rendre aux vieillards et aux femmes le respect et les hommages qui leur sont dus, un jeune homme qui s'abandonne à sa bonne nature, qui ose pleurer, qui ose aimer, qui sait rougir; un jeune homme ainsi fait est le bienvenu dans le monde; les vieillards l'aiment comme un fils; les jeunes gens l'aiment comme un frère; on lui tend la main, on lui sourit, on le favorise, on le pousse; il n'a à craindre ni la médisance ni l'envie: il n'est pas encore un homme.

Victor Ogier, ainsi reçu parce qu'il était fait ainsi, n'eut donc rien de mieux à faire que de s'abandonner à loisir à son besoin poétique. Depuis long-temps il était obsédé par ces vagues et délicieux pressentimens qui précèdent toute poésie. La poésie est le premier besoin de la jeunesse: les vers, les sons harmonieux, les couleurs brillantes, les concerts invisibles dans le ciel, les images vives et promptes qui viennent à l'esprit toutes formées, toutes légères, toutes colorées; les rêveries du printemps, le sommeil de l'été, le vent de l'automne, le froid de l'hiver, quand l'année a revêtu son manteau de neige; la prière surtout et les élancemens du cœur vers le Ciel, voilà ce qui se fait sentir à tout jeune homme qui sait se servir de sa jeunesse; voilà tout justement ce qu'éprouvait dans son ame notre ami Victor. A présent il obéissait à son instinct, il écoutait sa vocation : il était poète; non pas poète en ce sens qu'il jetait son inspiration au dehors, ce qui n'est que le privilége de quelques ames d'élite; mais poète en ce sens qu'il était fou de poésie, qu'il était prêt à toute poésie, que la poésie l'enivrait par tous les pores; si bien qu'il s'y abandonna en toute passion d'abord, si bien qu'ensuite il voulut mettre de la méthode dans sa passion, si bien qu'enfin il voulut remonter au berceau de toute poésie; il voulut arriver à la source de la poésie, à peu près comme les voyageurs qui s'en vont dans les montagnes de la Suisse pour chercher la source du Rhône. Vous gravissez des monts escarpés, vous traversez des précipices; vous êtes tantôt sur la neige, tantôt sur la glace, tantôt sur le roc nu; puis enfin, après avoir bien marché, vous voyez un mince filet d'eau qui murmure et qui vient on ne sait d'où. Prosternez-vous, puisez à deux mains à cette source sacrée, abreuvez-vous de cette eau fraîche et pure!

Ce mince filet d'eau, cette eau sans nom, c'est le Rhône, le beau Rhône, le fleuve majestueux aux eaux bondissantes, le plus beau fleuve de notre pays!

Ainsi Victor Ogier avait soif de se désaltérer à cette source de poésie, d'où la poésie est venue dans le monde. Ce jeune homme délicat et frêle, aux impressions vives et fortes, dont le sang refluait avec tant de vivacité du cœur au front; cet homme de vingt-deux ans, qui aimait tant l'ombre des bois, le murmure des fontaines, le vert tapis des prairies, et l'oiseau qui chante là-haut, et au-dessus de l'oiseau le saule qui soupire, et au-dessus du saule l'étoile qui reluit, et au-dessus de l'étoile le ciel bleu: il aimait tout cela; et, à l'abri de tout cela, il aimait à lire les beaux livres qu'il avait épelés au collége. Homère le vieillard guerrier, Horace le philosophe d'Épicure, Racine la poésie française, Voltaire l'esprit français, Lafontaine un conteur, un historien, l'ami des bêtes et le précepteur des hommes, qui encore? c'étaient là les innocentes et chastes passions de Victor Ogier. Lire tout haut des vers accompagnés par le murmure du ruisseau, lire tout bas une plaintive élégie sous le hêtre qui murmure, se perdre délicieusement dans cette double harmonie de la terre et du ciel, se trouver entre ces deux puissances égales, parce que Dieu l'a voulu, la poésie de Dieu et la poésie des hommes; voir chaque jour se renouveler cette fête inépuisable de la pensée, c'étaient là les plaisirs, c'était là le bonheur, c'était là le besoin de notre ami et camarade Victor Ogier. Ainsi il est entré dans sa vingt-deuxième année, simple et bon, chaste et pur, enthousiaste et inspiré, innocent, heureux, tranquille, poète; mais poète comme il faut l'être, si l'on veut être heureux; poète pour lui tout seul.

Eh bien! cependant, au milieu de tout ce bonheur de notre ami Victor, une pensée l'inquiétait, une pensée sinon amère, du moins profonde; c'était plus qu'un désir, c'était plus qu'une volonté. Faute de méthode, faute d'avoir pris la poésie où il fallait la prendre, il avait déjà épuisé tant de poésies, déjà lu tant de livres, qu'à vingt-deux ans il craignait déjà que la poésie ne vînt à lui manquer, et il était là tout haletant devant ses poèmes si souvent relus, si souvent achevés, comme un pauvre homme chargé de famille en présence du dernier morceau de pain de la journée, et qui ne sait pas s'il aura le lendemain du pain à donner à ses enfans. Les enfans à nourrir pour notre ami Victor c'étaient les années à venir, qui arrivaient avides et affamées de poésie, auxquelles l'Empire de Bonaparte avait servi de jouet, qui avaient appris à lire dans la Bible et dans l'Iliade, et auxquelles il avait peur de n'avoir plus rien à donner, quand son dernier poème serait dévoré pour la dernière fois. Telles étaient les pensées de Victor. Il était si jeune, qu'il ne se doutait pas que l'homme ne vit pas seulement de poésie, et qu'il arrive bientôt à l'âge où il faut agir et non pas rêver. Mais c'est là une de ces erreurs de la jeunesse que le temps détruit assez tôt, et qui sont trop respectables pour qu'on veuille les détruire avant le temps!

Voici quels étaient les raisonnemens de Victor, et par quelles suites d'idées il se décida à quitter son repos et son bonheur de chaque jour, ses étés si calmes et ses printemps si frais, pour les sables calcinés, pour le soleil brûlant, pour les villes désertes de l'Égypte. Il est impossible de raisonner d'une manière plus poétique et plus juste à la fois.

— Quelle est la plus belle étude de l'homme, si ce n'est l'homme lui-même? se disait-il, et dans l'homme, quoi de plus beau que la poésie? La poésie est l'histoire des émotions, des sentimens, des joies et des douleurs de l'homme. Ce que racontent les historiens ne regarde que les bruits vulgaires de l'humanité. L'histoire de l'homme se retrouve toute entière non pas dans les pierres qui sont tombées, dans les monumens cachés sous la poussière ; mais dans l'expression de ses vœux, de ses espérances, de ses haines, de ses amours, en un mot, dans la poésie. C'est donc dans l'histoire de la poésie qu'il faut chercher celle de l'humanité, disait Victor.

Puis il repassait en lui-même l'histoire de la poésie depuis le commencement des siècles. D'abord l'ode est toute la poésie des temps primitifs ; c'est un hymne que la créature adresse au Créateur, naissante pensée de l'homme, qui vient de naître et qui est encore tout reconnaissance et tout amour.

Plus tard l'ode fait place au poème épique; l'homme alors n'est qu'un vieil enfant qu'il faut amuser par des contes. Dans ces récits variés l'histoire des dieux est mêlée à l'histoire des hommes; le ciel se confond avec la terre; le poète se plaît à raconter toutes sortes de merveilles : il sait qu'il parle à des hommes pleins de croyance, et il ne craint pas d'être un homme d'inspiration.

Plus tard encore, quand l'homme a vieilli enfin, quand il a remplacé le conte par l'histoire, l'action par le récit, le drame alors remplace le poème; l'homme se voit agir sur la scène; il fait monter sur le théâtre ses passions et ses haines, ses amours et ses vengeances; il se regarde marcher; il s'écoute parler, il se regarde agir; il se blâme, il se loue, il se console, il se calomnie quelquefois; il fait sur le théâtre par la voix de ses comédiens, ce qu'il fera à la tribune et par sa propre voix plus tard.

Enfin, plus tard, la poésie devenue populaire, la poésie tombée ou, si vous aimez mieux élevée au rang de langue vulgaire, se mêle à toutes les petites passions, à tous les innocens amusemens d'un peuple. Elle va de l'aristocratie au peuple, après avoir été du peuple à l'aristocratie. La poésie est alors de la raison chantée; elle enseigne, elle instruit; elle parle aux hommes des croyances abolies; elle ramène en honneur les vieux temps; elle dépouille toutes les formes convenues dans les temps passés, et elle est tour à tour tout ce qu'elle peut être et tout ce qu'elle doit être; élégie, poème épique, drame, ode même; elle n'a plus de sens cachés, plus de verbes mystérieux, plus de suppositions allégoriques, plus d'Olympe à part, plus de dieux invisibles à jeter sur son chemin pour lui servir d'escorte; elle est simple et nue comme la vérité, à laquelle elle a prêté d'abord ses vêtemens.

En même temps Victor Ogier repassait dans son esprit et dans son cœur toutes les notions de poésie qu'il y avait entassées, et il était étonné de trouver toutes ces notions pêle-mêle, confondues dans son cerveau, comme des livres sans étiquettes dans une bibliothèque en désordre. Et en effet, quel

immense chaos dans cette tête si remplie!
La première chose qu'il y trouvait, c'étaient
de futiles et imperceptibles notions sur
les antiques berceaux de la vieille poésie,
l'Inde, l'Égypte, la Chine. A peine savait-
il le nom de ces vieux poèmes dont le souvenir n'est pas resté enfoui dans les vieilles
ruines; à peine savait-il ce que c'était que
la poésie orientale; et au milieu de cette
poésie de l'Orient, à peine pouvait-il distinguer la poésie hébraïque, source cachée
sous le palmier du désert. L'Orient! l'Orient!
sublime mystère! nuée de feux et de nuages
dont nous ne voyons que l'image!-l'Orient
qui brûle et qui se tait! l'Orient couché
à l'ombre des Sphynx de pierre, et que
Bonaparte n'a pu émouvoir! l'Orient, où
tout fait silence, même la statue de Memnon!
l'Orient, qui était déjà vieux et croulé au
temps de Platon! l'Orient tout en emblêmes,
en hiéroglyphes; qui ne sait que nous envoyer des momies sans nom, des papyrus
sans étiquettes et des obélisques d'une seule
pierre, futiles cailloux de son désert qui
font rire en passant les pyramides et les
trois mille années qu'elles supportent sans

se courber! l'Orient d'où sont partis les siècles à leur berceau, d'où est parti le monde moderne! l'Orient auquel nous sommes revenus enfin, et qu'il faut connaître pour avoir le secret du monde présent, le secret du monde passé!

— C'est là que j'irai, se dit à lui-même Victor Ogier, c'est là que j'irai chercher les sources poétiques. Là où commence le monde, je commencerai mon voyage ; là je chercherai les chants évanouis, les religions perdues, les villes couchées! l'Orient! l'Orient! voilà ma proie! Aux autres je laisse la Grèce, ses poèmes et ses dieux, ses héros et ses temples, ses élégies et ses drames, ses pastorales et ses discours ; aux autres je laisse l'Italie, ses chants de gloire, ses histoires, sa comédie, ses bucoliques, ses poèmes descriptifs, et plus tard ses licences, ses épigrammes et ses satyres. Que l'un s'empare du moyen âge chrétien ; qu'il relève les tours gothiques, qu'il chante la poésie provençale et qu'il amène les troubadours dans les salles de la châtelaine ; que l'autre se perde en Italie au milieu des Gibelins et des Guelphes ; qu'il dorme sur la pierre nue, abrité sous le manteau du Dante et défendu par son glaive; ou bien qu'il se repose dans les molles féeries de l'Arioste, ou encore qu'il s'arrête sur la haute montagne du sommet de laquelle le Tasse découvrit son poème; que d'autres encore gagnent l'Angleterre à la nage, ou qu'ils y entrent à la suite de Guillaume le Conquérant; que ceux-ci s'égarent en Écosse, au palais de Marie Stuart; ou bien que le dix-septième siècle vienne à luire, le dix-septième siècle français, tout paré, tout brodé, tout fringant sous son jeune roi amoureux et chevalier, et sous Bossuet son roi chrétien; ou plus tard encore, que la régence pousse la France de Bossuet à Voltaire; que la France passe de la croyance au doute, et que dans cette lutte des intelligences contre la société, vous voyiez apparaître tous ces génies soudains auxquels le trône de France a servi d'oraison funèbre et de tombeau; c'est bien, cela! voilà qui me plaît et qui m'enchante! Que chacun prenne dans ce monde des idées et des poèmes, l'idée qui lui convient, le poème qui lui plaît; que chacun se place au point de vue historique qui lui semble le plus favorable à son génie; à celui-ci les siècles couverts de nuages; à celui-là le seizième siècle, qui se colore des feux de l'intelligence; à cet autre le dix-neuvième siècle, qui fait un si rude apprentissage des libertés que le siècle précédent ne lui a laissées qu'en théorie, c'est bien : mais à moi l'Orient! à moi cette terre muette là-bas sous le soleil primitif! à moi le soleil! à moi l'Arabe vagabond! à moi l'Hindou! à moi la Chine! à moi tout ce monde qui commence au premier homme et qui s'arrête à l'Hébreu! Dans l'Orient je ne veux pas même de la Bible. La Bible c'est tout un monde au-delà du monde que je veux voir; la Bible c'est toute une histoire isolée dans toutes les histoires de l'univers; c'est un poème éternel comme Dieu, un poème qui vit tout seul et par lui-même comme Dieu; c'est mieux qu'un poème, c'est mieux qu'une histoire : c'est une prière. »

Ainsi nous parlait notre ami Victor Ogier avant son départ pour l'Orient. Il était si beau en nous parlant ainsi; son regard était si inspiré; c'était là une vocation si arrêtée au fond de son ame, que nous le laissâmes partir. D'ailleurs, pourquoi l'aurions-nous arrêté parmi nous dans ce monde nouveau, où encore une fois tout est remis en question, la liberté d'abord, et avec la liberté les mille et une questions de poésie, d'avenir et de bonheur que cette question de liberté entraîne toujours après elle, et avec lesquelles elle se trouve mêlée et confondue dans toutes les poésies de l'univers?

C'est donc le voyage de Victor Ogier que nous allons vous raconter. Nous tâcherons d'être simples et clairs comme l'était notre ami. Heureux que nous sommes de pouvoir, grâce à son aide et à ses notes de voyage, vous mettre au fait quelque peu de la *poésie orientale*, cette science à part, dont on parle beaucoup depuis quelques années en Angleterre, en France et partout, mais d'une manière si vague et si peu déterminée, qu'il a fallu toute la constance de notre ami pour nous mettre au fait de cet Orient poétique dont tant de voyageurs parlent sans y être allés, et dont M. de Lamartine n'arrive que d'hier.

CHAPITRE III.

Départ de Victor Ogier pour l'Orient.

Nous sommes placés, nous autres Français, à l'extrémité de toute poésie. La poésie vient comme le soleil : elle tombe de haut en bas. Voilà ce que Victor Ogier comprenait confusément dans son ame ; voilà pourquoi il voulait remonter au berceau de nos songes poétiques. Il partit donc. Les premiers pas de son voyage lui montrèrent combien il avait eu raison de se mettre en route. A chaque nouveau jour de marche il faisait un progrès vers la poésie primitive. Victor Ogier dans sa route a remonté tous les pays par lesquels il nous faudra passer pour avoir une histoire à peu près complète de la poésie dans tous les âges du monde. Il est donc fort important que je vous dresse l'itinéraire de notre jeune homme, afin que vous ayez tout d'abord une idée de toute la route que vous avez, vous aussi, à parcourir, avec cette différence seulement, que la route sera pour vous plus facile, d'autant plus facile qu'au lieu de la remonter, et d'aller du nord au midi, vous n'aurez qu'à descendre par une pente éclairée et facile du midi au nord. Donc ceignez vos reins et soyez prêts à vous mettre en chemin.

Voici le voyage de Victor Ogier. Parti de Paris, de ce volcan si rempli d'opinions de tout genre, admirable pêle-mêle des intelligences les plus diverses, centre commun où toutes les gloires du monde viennent aboutir, comme font les fleuves qui se jettent dans la mer, Victor Ogier dit adieu à Paris sans regrets et sans remords. Ce Paris est une ville fatigante; les jours s'écoulent à Paris comme s'écoulent les heures autre part; on y entend un bourdonnement perpétuel; ce sont des cris de génie, des cris de rage, des cris de gloire, des cris de douleurs, toutes sortes de cris épouvantables. L'enfance même, l'enfance si digne de respect et d'intérêt, est étouffée et mal à l'aise à Paris. Là point de fleurs, point de ruisseaux qui murmurent, point de grands arbres qui protègent l'enfant de leur ombre. A Paris l'enfant n'a pas le temps de grandir; il faut qu'il soit tout de suite un homme. Et c'est un si grand malheur de renoncer aux belles années de l'enfance si folâtres, si riantes, si charmantes, si entourées de petits soins, d'innocentes caresses, d'ébats champêtres, de frais sommeil! Il en est de même de la jeunesse à Paris; la jeunesse passe aussi vite que l'enfance, pour le moins. Il y a aussi peu de jeunes gens qu'il y a d'enfans à Paris. Si vous arrivez jeune homme à Paris, dites adieu tout de suite aux rêves dorés du printemps, adieu à l'amicale protection des hommes, adieu aux vastes pensées, adieu au bel avenir! la vie réelle vous saisit tout à coup de ses mains de fer. Vous étiez venu poète à Paris, Paris fait de vous un homme d'affaires; vous vous sentiez entraîné à la molle rêverie, Paris fait de vous un homme actif; vous aimiez la solitude, Paris vous jette dans ce tourbillon qu'on appelle le monde. Paris n'est bon que pour l'homme fait, qui n'est plus jeune et qui veut être quelque chose; mais pour l'enfant, pour le jeune homme, c'est une triste et épouvantable ville, Paris.

Poète, jeune homme et rêveur qu'il était, notre ami Victor quitta donc Paris, sans jeter sur cette grande ville un seul regard de regret. Que lui importe Paris, la cité vivante, à lui qui va visiter les ruines d'Athènes et de Memphis, mortes depuis des siècles, et dont les ornemens de pierre font encore l'admiration du voyageur? Que lui importe la ville française toute occupée de théâtres, de comédiens et de politique, à lui qui va marcher en terre sainte et s'agenouiller devant Jérusalem? Il s'avança ainsi de Paris à Milan, de France en Italie : c'est la route; car autrefois la poésie est venue d'Italie en France. De Milan Victor Ogier fut à Venise, ville de marbre, toute remplie de souvenirs, puissante autrefois, prisonnière aujourd'hui; autrefois remplie, vide aujourd'hui; Venise, la dernière demeure de lord Byron, qui lui-même s'en fut chercher la poésie à son berceau, en Grèce, où il est mort. L'Italie est toute remplie de monumens des arts; que de siècles y sont couchés par terre! que de grands hommes y sont morts! à chaque instant c'est une tombe illustre qui vous arrête. De Venise Victor Ogier passa à Trieste, là où s'arrêtent les derniers souffles et les dernières inspirations de l'Italie. Mais l'Italie n'est qu'un reflet de l'Orient. L'Italie n'était ni assez vivante, ni assez morte pour retenir notre voyageur; il n'en voulait qu'à l'Orient, et il quitta l'Italie comme il avait quitté la France, sans pousser un soupir.

A Trieste il s'embarqua sur la Méditerranée, cette belle mer du monde civilisé, toute parsemée d'îles riantes, tout entourée d'oliviers, de palmiers et de myrthes. La Méditerranée est la mer du midi, comme l'Océan est la mer du nord : ici une belle mer, là une mer furieuse; à la Méditerranée l'Italie et son ciel et son langage; à l'Océan les côtes de la Scandinavie et les poèmes d'Ossian. Vous trouverez ainsi dans tout le cours de l'histoire poétique de merveilleux rapprochemens à faire entre les peuples et leurs langues, entre les poètes et leur époque, entre les poésies chantées et les lieux qui les virent naître. Mais poursuivons notre chemin.

Je vous ai dit que la mer était belle; le vaisseau était rapide. Bientôt une mer nouvelle s'ouvrit devant le navire : le vaisseau était alors sur les frontières de l'antiquité grecque et aux confins de l'antiquité latine. Les plus grands hommes de l'antiquité avaient traversé cette mer dans les appareils les plus divers et pour les causes les plus différentes. Pythagore, le philosophe grec, un des premiers voyageurs de l'Orient; Alcibiade, cette espèce de Parisien d'Athènes, frivole, léger, moqueur et brave, comme un Athénien de Paris; Scipion, qui donna l'Afrique à l'Italie; Pompée, qui fit de César un empereur de Rome; Cicéron, qui fut l'éloquence romaine, comme Démosthène avait été l'éloquence athénienne; Auguste, qui ne serait pas si haut dans l'estime des hommes, s'il ne s'était pas prudemment placé à l'ombre immortelle des deux poètes, Horace et Virgile; ils ont tous effleuré cette mer. Que de gloire! Mais le sillon de tant de vaisseaux n'a laissé aucune trace sur cette mer. Remarquez en passant comme chaque poésie a son domaine. Voici comme on les peut diviser ces trois à quatre royaumes de la poésie humaine : de Paris aux Pyrénées règnent en souverains Bossuet et Voltaire; de Venise à la mer d'Ionie Dante et Virgile; plus haut vous trouverez Homère, et après Homère le roi David; après l'Iliade la Bible. Victor Ogier va encore plus haut que les prophètes, plus haut que la Bible: il va dans les coins reculés de l'Orient qui n'appartiennent pas aux Hébreux. Laissons lui continuer son chemin.

Après avoir dit adieu au monde romain, il salua le monde grec. Les souvenirs de l'antiquité se dressent de toutes parts sur l'Adriatique. Voici l'île de Calypso, au dire de Fénélon et d'Homère, et là-bas à l'occident, sous ce beau rayon de soleil, sous ce ciel changeant, blanc au couchant, bleu pâle au zénith, gris de perle au levant, vous voyez là-bas cette terre! saluez, c'est la Grèce! c'est le ciel d'Athènes, de Corinthe et de l'Ionie; c'est le palais d'Apollon et des Muses! Victor Ogier débarqua dans l'île de Corcyre, aujourd'hui Corfou. Là était venu avant lui Alexandre, quand il n'était encore que le fils de Philippe; là était venu l'Arioste, cet improvisateur de l'Italie, qui a fait le *Roland furieux*; Caton y avait fait rencontre de Cicéron après la bataille de Pharsale, où mourut la république romaine; Antoine y avait épousé Octavie; l'impératrice Agrippine y vint étaler les funérailles de Germanicus. Mais nous retrouverons plus tard ces souvenirs.

CHAPITRE IV.

Victor Ogier parmi les ruines de la Grèce.

Enfin Victor Ogier toucha le rivage de la Grèce : c'était bien la Grèce ; il était à dix lieues d'Olympie, à trente lieues de Sparte, sur le même chemin que suivit Télémaque pour aller demander des nouvelles d'Ulysse à Ménélas. Cependant il n'y avait pas un mois que Victor Ogier avait quitté Paris.

Ne vous attendez pas que je vous fasse l'histoire de la Grèce moderne : c'est une histoire trop lamentable pour entrer dans ce récit, qui n'a qu'un seul objet, la poésie et la littérature des peuples. A Dieu ne plaise que j'abandonne mon histoire littéraire aux rians et chastes souvenirs, pour l'histoire proprement dite, toute pleine de sang, d'injustice et de carnage. Non ; il n'en sera pas ainsi; non, nous ne nous occuperons pas des hommes, quand nous avons tant de livres qui nous attendent; nous ne raconterons pas des guerres cruelles, quand nous avons à lire ensemble tant de poëmes! D'ailleurs il faut nous conformer à la fantaisie de notre voyageur; ce qui le pousse, lui, ce n'est pas une curiosité vulgaire : c'est un noble besoin de savoir et d'apprendre. Et puis, ce n'est pas en Grèce qu'il veut aller, c'est en Orient; et nous aussi nous allons en Orient; en Orient d'abord; nous irons sous la tente de l'Arabe, au milieu des sables du désert, dans les jardins de la Chine, dans les retraites sacrées des bords du Gange. Puis, quand nous aurons bien épuisé tous ces sables mouvans, quand nous aurons parcouru ces civilisations qui se perdent dans la nuit des temps, quand nous nous serons désaltérés à toute source cachée, assis sous le palmier du désert, alors seulement nous irons en Grèce; mais non pas dans la Grèce esclave et morte, non pas dans la Grèce épuisée, mais dans la Grèce primitive, dans la Grèce d'Homère et d'Anacréon, de Socrate et de Démosthène, d'Alcibiade et de Périclès. Vaste et magnifique voyage! Donc encore une fois, enfans, ceignez vos reins et suivez-nous!

Cependant, comment passer sur le cadavre de cette Grèce au cercueil, sans jeter un regard de pitié sur sa beauté flétrie? Toute morte qu'elle est, c'est bien encore la Grèce; ce sont encore ses grands bois d'oliviers, ses lauriers-roses aux bords de ses fleuves aux noms si beaux, l'Ilissus, l'Alphée, l'Érimanthe, le Céphise, l'Eurotas; ce sont encore ses hautes montagnes que nous avons vues dans les vers des poètes, le Cithéron, le Ménale, le Lycée, sommets chantés par toutes les lyres; c'est toujours le golfe de Messénie, toujours l'Ithome qui cache son sommet dans les cieux, toujours le Taygète aux deux flèches aiguës.

Mais hélas! les oliviers sont stériles; les bois n'ont plus de nymphes qui dansent au clair de la lune; les cygnes ne prennent plus leurs ébats sous les lauriers-roses; le Taygète et le Lycée ne sont plus habités par les Muses. Vous chercheriez en vain à vous désaltérer dans les ondes transparentes de l'Eurotas. En même temps que les fontaines se sont taries, les villes ont disparu, les hautes colonnes se sont abaissées, les tombeaux même se sont ouverts. Qu'est-ce que Lacédémone aujourd'hui? un amas de pierres blanches qui servent de demeure à un gardeur de chèvres. Tout a disparu de cette place désolée : le tombeau d'Agis et la maison de Ménélas, le temple des Grâces et le temple de Diane; il n'y a plus que le lit desséché de l'Eurotas. Les fleuves fameux ont le sort des nations célèbres : inconnus à leur source, glorieux ensuite, ils finissent par se tarir et par se perdre on ne sait où.

De Lacédémone notre voyageur se rendit à Argos; Argos la patrie d'Agamemnon, le roi des rois. Le palais d'Agamemnon est par terre, le théâtre est par terre; la citadelle est encore debout, mais Victor chercha vainement la statue de Jupiter rapportée du siége de Troie, la même statue de Jupiter aux pieds de laquelle le vieux Priam fut massacré par le fils d'Achille. Quelques pierres d'une citadelle en ruines; voilà tout ce qui reste de ces familles célébrées par Homère, Eschyle, Sophocle, Euripide et Racine.

Des ruines d'Argos il passa aux ruines de Mycènes : c'était toujours le même silence et la même désolation. Deux lions en pierre sont les seuls gardiens de la désolation de Mycènes; autour de ces lions de pierre, on peut encore distinguer cinq tombeaux, Alcée, Agamemnon, Pélops, Électre, Clytemnestre, Égiste.

Corinthe n'est pas loin de Mycènes. De Corinthe on peut voir Athènes; on découvre l'Hélicon et le Parnasse; les montagnes de l'Argolide et de la Sicyonie s'élèvent au midi et au couchant. Corinthe, toute ruinée qu'elle est, vous rappelle encore le beau Jason, la farouche Médée, la fontaine Pyrène que le cheval Pégase fit jaillir d'un coup de pied, les jeux Athéniques, institués par Thésée et chantés par Pindare. C'est à Corinthe que Denis le Tyran, chassé de son trône, se fit maître d'école. Vous savez que Corinthe fut prise par le consul romain Mummius, qui lui déroba ses statues d'airain et de marbre. Ce fut un grand triomphe pour la poésie grecque, le jour où Rome s'empara de Corinthe. Un jeune enfant, s'étant approché du vainqueur, lui récita ces vers de l'Iliade : « Oh, trois et « quatre fois heureux les Grecs qui péri- « rent dans les vastes murs d'Ilion en sou- « tenant la cause des Atrides! Plût aux « dieux que j'eusse accompli ma destinée « le jour où les Troyens lancèrent sur « moi leurs javelots, tandis que je défen- « dais le corps d'Achille! Alors j'aurais « obtenu les honneurs du bûcher funèbre, « et les Grecs auraient parlé de mon nom! « Aujourd'hui mon sort est de finir mes « jours par une mort obscure et déplo- « rable! » Le vainqueur, entendant dans la bouche de cet enfant ces vers d'Homère, se prit à pleurer au milieu de sa gloire.

Enfin c'est à Corinthe que S. Paul, l'apôtre chrétien, avait placé le siége de son Église: *Paul à l'Église de Dieu qui est à Corinthe!* C'est lui qui disait dans son langage si ferme et si naïf en même temps: « J'ai été battu de verges trois fois; j'ai été « lapidé une fois; j'ai fait naufrage trois « fois; j'ai fait quantité de voyages et j'ai « trouvé divers périls sur les fleuves; périls

« de la part des voleurs, périls de la part
« de ceux de ma nation, périls de la part
« des gentils, périls au milieu des villes,
« périls au milieu des déserts, périls entre
« les faux frères : j'ai souffert toutes sortes
« de travaux et de fatigues, de fréquentes
« veilles, la faim et la soif, beaucoup de
« peines, le froid et la nudité. »

Pour tout dire, vous trouvez à Corinthe tout ce qu'on retrouve dans toute la Grèce, la fable mêlée à l'histoire, la vérité confondue avec le mensonge, le christianisme et le paganisme, le vieux passé et le passé moderne; car le monde est déjà si vieux, qu'il a déjà deux sortes de passés.

De Corinthe Victor se rendit à Mégare. A l'aqueduc de Thrézènes des femmes lavaient leur linge, comme autrefois Nausicâa. A Mégare on voyait autrefois les tombeaux de Philomèle et de Térée; les murs d'enceinte bâties par Apollon, dont les pierres rendaient un son harmonieux, n'ont pas échappé au ravage des siècles; elles sont couchées par terre comme la statue achéenne, et aussi muettes que la statue. Encore une demi-journée; laissez à votre droite Éleusis et ses mystères impénétrables, reposez-vous un instant aux bords du puits fleuri où se reposa Cérès, après avoir cherché inutilement sa Proserpine par toute la terre; gravissez ensuite le mont Hymette, et de là regardez autour de vous. Cette île, de l'autre côté de ce bras de mer, c'est Salamine. Dans le canal vis-à-vis de vous se livra cette grande bataille entre les Grecs et les Perses, dans laquelle l'Asie fut vaincue sur ces bords, en attendant qu'Alexandre allât reporter l'invasion dans le royaume de Darius. Entrez! entrez dans ces murs renversés, c'est Athènes! ne la reconnaissez-vous pas à ses ruines? Regardez, voici la citadelle, assemblage confus de chapiteaux et de colonnes; moitié temple et moitié citadelle, tour à tour grecque, chrétienne, et musulmane, image trop réelle d'Athènes, la ville telle que les révolutions nous l'ont faite. Ce ne sont que toits aplatis, entremêlés de minarets, de cyprès, de ruines, de colonnes isolées, de mosquées; ainsi faite et délabrée, on reconnaît toujours Athènes, tant il y a d'éternité dans la physionomie des villes! Certes, jamais de leur vivant deux villes ne furent plus dissemblables qu'Athènes et Sparte. Eh bien! mortes qu'elles sont depuis des siècles, ces deux villes conservent encore la physionomie qui leur fut propre, et vous la retrouvez facilement dans leurs ruines. Autant les ruines de Sparte sont tristes, graves et solitaires, autant les ruines d'Athènes sont riantes, légères, habitées. A l'aspect de la patrie de Lycurgue, toutes les pensées deviennent sérieuses, mâles et profondes; l'ame fortifiée semble s'élever et s'agrandir devant la ville de Solon, on y est comme enchanté par les prestiges du génie; Athènes embellit, ennoblit les sentimens de l'homme que Sparte engendrait et conservait dans toute leur sauvage vigueur; l'amour même de la liberté prend à Athènes je ne sais quelle apparence d'héroïsme qui fait aimer la liberté davantage; la liberté comme la vertu est plus terrible à Sparte, et plus aimable à Athènes; Sparte fait trembler devant la vertu, Athènes la fait aimer; Sparte l'ordonne, Athènes l'enseigne; à Sparte on sent en soi-même qu'on aurait voulu mourir avec Léonidas, mais à Athènes on regrette de n'avoir pas vécu avec Périclès.

Comment donc notre voyageur n'aurait-il pas suspendu sa course pour regarder de près cette petite ville d'Athènes qui vous paraît grande comme Paris, plus éloquente et plus poétique que Paris; Athènes la patrie des beaux-arts, la mère de la philosophie et du beau langage; Athènes ce royaume de vingt lieues d'étendue, qui balance dans l'histoire la renommée de l'empire romain?

Plusieurs monumens des anciens Athéniens subsistent encore, tant c'était une ville bâtie pour l'immortalité! A l'occident de la citadelle on voit l'Aréopage. Le Pnix, où se réunissaient les Athéniens pour parler des affaires publiques, est une vaste esplanade pratiquée sur une roche escarpée. La tribune aux harangues est creusée dans le roc. C'est de cette tribune que Périclès, Alcibiade et Démosthènes, Socrate et Phocion, parlèrent, dans le plus beau langage du monde, au peuple le plus spirituel de l'univers. C'est de là que fut banni Aristide, celui qui fut nommé : *le juste.* Du Pnix vous pouvez voir bien des ruines. Les ruines du théâtre de Bacchus, le lit desséché de l'Ilissus, la mer sans vaisseaux et les ports déserts de Munychie et du Pyrée.

Au milieu de ces monumens, dont le marbre a gardé son éclat et sa blancheur, à travers ces colonnes transparentes qui semblent se jouer au soleil, sous lequel on les prendrait pour autant de plantes filles de la Grèce, et qui n'ont pu pousser et grandir que sous le ciel bleu de la Grèce, vous distinguez plusieurs grands monumens dont les vestiges vous étonnent plutôt comme les travaux interrompus de monumens commencés de la veille, que comme des débris qui sont des débris depuis des siècles : le temple de Minerve, ouvrage de Phidias, qui passe pour le chef-d'œuvre de l'architecture chez les anciens et chez les modernes ; le Parthénon, qui avait vécu jusqu'au dix-septième siècle, et sur lequel les Vénitiens ont tiré à boulets rouges, plus barbares que n'avaient jamais été les Turcs ; puis enfin les colonnes isolées du temple de Jupiter Olympien. Mais hélas ! il faut tous les souvenirs de l'antiquité pour reconstruire quelque peu ces monumens renversés, à l'aide de leurs débris épars. Il faut être jeune, il faut être à la fois grand poète et grand artiste pour reconnaître quelque peu l'ancienne Athènes dans cette Athènes moderne, parsemée de bouquets d'oliviers, de carrés d'orge et de sillons de vignes. Malheur aux voyageurs sans imagination et sans poésie qui se trouvent égarés dans les ruines d'Athènes! mais aussi quel beau et grand spectacle pour celui qui se sent de l'ame et du cœur! quel digne historien de la Grèce, M. de Châteaubriand, au milieu de ces ruines! comme il a vite rebâti toute cette ville tombée! Pour lui les sculptures de Phidias s'animent de nouveau sous l'éclat du soleil; la mer et le Pyrée tout blancs de lumière se remplissent de vaisseaux et de peuple; il voit sortir du Pyrée les vaisseaux ornés de couronnes de fleurs, qui vont combattre l'ennemi, ou qui se rendent aux fêtes de Délos; il entend éclater au théâtre de Bacchus les douleurs d'OEdipe, de Philoctète et d'Hécube; il prête l'oreille aux applaudissemens des citoyens tout passionnés sous la parole puissante de Démosthènes; il voit, il entend, il écoute tout ce qu'ont vu, entendu, écouté des oreilles et des yeux qui depuis deux mille ans se sont fermés.

Pauvre Athènes! Elle fut long-temps reine et maîtresse; maîtresse par les armes d'abord, puis maîtresse par l'éloquence. Vaincue par Sylla, elle n'en reçut pas moins les hommages et les respects empressés de Rome victorieuse; tous les Romains qui l'avaient soumise par les armes se firent une gloire de se soumettre à leur tour à ses beaux-arts, à son éloquence, à sa philosophie et à sa poésie, et de passer pour ses fils : l'un prenait le surnom d'Atticus, l'autre se disait le disciple de Platon et de Démosthènes. Les Muses latines, Lucrèce, Horace et Virgile chantent incessamment la reine de la Grèce. — « *J'accorde aux morts le salut des vivans!* » s'écrie le plus grand des Césars pardonnant à Athènes coupable. L'empereur Adrien veut joindre à son titre d'Empereur le titre d'Archonte d'Athènes, et multiplie les chefs-d'œuvre dans la patrie de Périclès. Constantin le Grand est si flatté que les Athéniens lui aient élevé une statue, qu'il comble la ville de largesses. L'empereur Julien verse des larmes en quittant l'académie, et quand il triomphe, il croit devoir sa victoire à la Minerve de Phidias. S. Chrysostome, S. Basile, S. Cyrille, ces grands hommes, éloquens évêques de la primitive Église, viennent à Athènes, comme avaient fait Cicéron et Atticus, étudier l'éloquence à sa source. Jusques dans le moyen âge Athènes est appelée : *l'école des sciences et du génie.* « Souvenez-vous, disait Cicéron au proconsul d'Athènes; souvenez-vous, Quintius, que vous commandez à des Grecs qui ont civilisé tous les peuples en leur enseignant les lumières et l'humanité, et à qui Rome doit les lumières qu'elle possède. »

Ne vous étonnez donc pas que notre voyageur Victor Ogier se soit arrêté si long-temps dans les murs d'Athènes avant de passer en Orient : ne vous étonnez pas s'il a parcouru ces grandes ruines, guidé par le seul livre de M. de Châteaubriand; passer par Athènes pour aller à la poésie orientale, et lire M. de Châteaubriand pour comprendre la Grèce, c'est marcher par le chemin le plus court.

CHAPITRE V.

Victor Ogier arrive en Orient.

Victor Ogier s'embarqua de nouveau au cap Sunium, illustré par Platon. Notre voyageur changea encore une fois de théâtre; les îles de l'archipel qu'il allait traverser servaient de transition entre la Grèce d'Asie et la véritable Grèce. Il laissa derrière lui l'ancienne Cios, où naquit Simonide; Scyros, le berceau de l'enfance d'Achille; Délos, où naquirent Apollon et Diane; Naxos, illustrée par Ariadne, Thésée et Bacchus; Chio, fortunée patrie d'Homère; Smyrne, espèce de ville italienne, égarée au milieu des Cyclades et placée entre les ruines d'Athènes et les débris de Jérusalem. Bientôt après il vit cet admirable amas de minarets et de tours, de cyprès et de mâts de vaisseaux qu'on appelle Constantinople. Après Constantinople se montrèrent les rivages d'Ilion, Samos dont vous avez lu l'histoire dans Télémaque; là finissait la Grèce. Victor Ogier salua pour la dernière fois la patrie d'Homère, d'Hérodote, d'Hippocrate; à cette place l'antiquité grecque finissait et faisait place à l'antiquité hébraïque. Tout à coup, après avoir passé les côtes de la Syrie, les voyageurs découvrirent le Carmel; le Carmel, le berceau des Israélites et la patrie des Chrétiens. Là commencent les rivages de l'ancienne Palestine, là sont venus les héros de la Terre-sainte, Godefroi de Bouillon, Raimond de Saint-Gilles, Tancrède le brave, Hugues le grand, Richard Cœur-de-lion et S. Louis dont les vertus furent admirées des infidèles. Là commence cette mer de Tyr que les Écritures appellent *la grande mer;* en un mot, là commence l'Orient.

Arrivé sur ces bords, Victor Ogier était au terme de son voyage, ou plutôt son voyage commençait. Vous savez quel était le dessein de ce noble jeune homme : il était venu là, sur cette terre brûlée du soleil, au milieu de ces sables mouvans, dans cette patrie de l'Arabe, vaste désert sans ombre et sans eau et sans murmure, tout exprès pour avoir une idée juste de la poésie de l'Orient; tout exprès pour savoir ce que c'était qu'un Arabe, tout exprès pour pouvoir dire à son retour qu'il avait vécu de la vie du désert, qu'il avait entendu la poésie et les contes du désert. Victor Ogier, dans sa pensée, ne séparait pas l'Arabe de son désert, la poésie de l'Orient du soleil de l'Orient; il voulait avoir enfin le secret de cette poésie qui s'alimente d'opinions, de préjugés, de superstitions, de croyances dont nous n'avons nulle idée en Europe. C'est en effet un monde à part : l'Arabe ne ressemble à aucun des hommes que nous avons vus dans le monde ou dans les livres. Ses fureurs, son enthousiasme, son courage, sa vengeance, sa vertu, sa profonde résignation au destin, ses plaisirs, son héroïsme, ses vices et ses passions ne ressemblent en rien aux vices et aux passions des autres hommes, comme aussi l'Orient ne ressemble en rien aux autres contrées de l'univers. Figurez-vous des solitudes éternelles que le vent du désert sillonne dans tous les sens, où rien ne guide le voyageur, où la soif qui le dévore est redoublée, au plus fort de la chaleur, par l'illusion d'une vapeur qui présente à ses sens abusés des fleuves limpides, des prairies émaillées de fleurs; visions décevantes, qu'il poursuit incessamment sans pouvoir jamais y atteindre. Et au milieu de ces solitudes mille incidens charmans ou terribles! un palmier en fleurs, une source cachée, ou bien la foudre qui gronde et qui tombe, ou bien le nuage qui crève au loin et qui inonde une tribu ennemie, pendant que la caravane meurt de soif et appelle vainement une goutte de cette pluie qui tombe là-bas à torrens. Voilà comme est fait le désert, voilà la vie du désert. Et cependant le Dieu tout-puissant a jeté dans ce désert assez de sujets de poésie pour que la poésie y ait coulé plus abondante que l'eau du ciel. Ainsi l'Arabe saura vous intéresser aux souffrances d'une timide gazelle que la vue des chasseurs et la voix des chiens a fait fuir dans le fond des vallées ou sur la cime des montagnes; dans les vers du poète vous verrez la gazelle trembler et se tenir à peine, et baisser la tête et pleurer. Tantôt vous suivrez une caravane dans son long et pénible voyage, et dans le chemin vous entendrez les chansons du chamelier, et, le soir venu, vous prêterez l'oreille aux récits du conteur, ou bien vous frémirez à ces récits de soif et de faim, quand le guide égaré dans cette mer de sables ne trouve plus son chemin dans les cieux. La gazelle, le cheval, un conte des *mille et une nuits*, une chanson à boire, le chameau, les devins, les énigmes, les conteurs, les palais magnifiques, les tombeaux, les sources cachées, le printemps, l'orage, les vieux récits, les épigrammes innocentes, voilà tout ce qui compose la poésie de l'Arabe : poésie pastorale et guerrière, poésie de la tente, poésie de l'enfant et du vieillard, un rêve souvent, une chanson souvent, une élégie quelquefois, voilà tout; jamais l'Arabe n'a songé à faire un drame ou une comédie; sa paresse est trop grande; et puis il est trop pressé d'être poète pour s'astreindre à ces recherches minutieuses.

Mais, plus les objets sur lesquels ou à propos desquels l'Arabe est poète sont en petit nombre, et plus il sait en tirer un grand parti. Il étudie toutes les formes des objets, il en sait toutes les nuances. Pour le poète Arabe il n'y a pas dans le ciel deux nuages qui se ressemblent; pour lui l'orage du printemps diffère de l'orage de l'été, l'orage de l'été diffère de l'orage de l'automne. Son cheval, son chameau, son chien, tous les animaux attachés à sa personne, il les étudie avec soin, il les sait par cœur; il en connaît toutes les qualités et tous les vices. Chaque allure de son chameau peut être pour l'Arabe un sujet de poème; il a un nom pour toutes les maladies de ce patient et fidèle compagnon; il sait combien de temps il peut rester sans boire et combien d'eau son estomac peut contenir. Pour l'Arabe chaque hennissement de son cheval se distingue d'un autre hennissement par une expression propre; il reconnaît le pas de son cheval dans le sable; il est à son cheval comme son cheval est à lui : ce sont deux compagnons, deux amis, deux frères; ils se parlent, ils s'entendent, ils reposent l'un à côté de l'autre; l'Arabe aura peine souvent à vous dire quel est son père : il vous dira à coup sûr la généalogie de son cheval. Quant à la nature qui l'entoure, il n'est guère moins riche en expressions poétiques. Que voulez-vous qu'il dépeigne? un nuage, un rocher, un torrent, un vallon, une citerne? rien ne l'embarrasse, il est prêt; à plus forte raison, s'il s'agit de peindre un homme. Alors aucun détail de la physionomie, aucune nuance de l'âme humaine, aucun geste, aucune passion enfouie dans le cœur, rien n'échappe au poète. L'Arabe est non-seulement un moraliste sensé, un observateur profond, mais encore un physionomiste habile. Rien ne lui est caché; il sait lire sur le visage toutes les affections humaines. Il vous juge par tous les signes extérieurs, par le regard, par l'altération des traits, par le tremblement de la voix, par votre sourire, par votre sang-froid, par votre silence, par votre parole, par votre travail, par la pâleur ou l'éclat des lèvres. Il faut vous dire aussi que la poésie arabe est riche en images, pleine de mots sonores, facile et souple, alerte et vive, grave quand il faut, voluptueuse quand il faut; elle chante, elle parle, elle déclame, elle se moque, elle instruit, elle raconte; c'est, en un mot, de la poésie à la hauteur de ce grand mot — *poésie!*

Non pas de la poésie grecque, savante, travaillée, qui a passé par bien des poètes et par bien des travaux ; non pas une poésie chantée dans des temples de marbre et dans de riches cités embellies par tous les arts ; mais une poésie du désert, une poésie de caravane, une poésie d'homme qui parle bien et qui s'anime en parlant ; une poésie qui est née toute seule, qui s'est faite toute seule, que l'Arabe a trouvée dans ses sables, comme l'enfant trouve le rire et les larmes à son berceau ; une poésie plus naïve qu'inspirée ; la poésie de l'Arabe. C'est par la poésie arabe que Victor Ogier voulait commencer ses études sur l'Orient.

Car à côté de cette poésie arabe, et dans un monde à part dans l'Orient, il existe encore une autre poésie, qui est plus qu'une poésie, qui est toute une religion. Je veux parler de la poésie des Hébreux, des cantiques de l'antique Sion : poésie féconde et puissante et inspirée ; elle marche de front avec les plus beaux poèmes de l'antiquité savante. Vous voyez bien que je vous parle de la Bible. Quelle poésie, celle-là ! que de poètes inspirés ! Ici les chants sublimes d'Isaïe, les éloquentes douleurs de Jérémie, les effrayantes peintures d'Ézéchiel; plus loin les gémissemens de Job, les accens si nobles et si touchans de la lyre de David. Mais de même que l'Hébreu vit seul dans le désert, seul et séparé de tout, à l'abri de sa colonne de flammes et de nuages, de même aussi nous laisserons la Bible toute isolée au milieu de l'Orient; la Bible sera pour nous le sujet d'une admiration et d'un livre à part, comme elle est le sujet d'un respect à part. Tel était du reste le plan de Victor Ogier: apprendre tout l'Orient, moins la Bible. Sa nourrice lui avait appris la Bible; il l'avait apprise au bon moment pour l'apprendre, au moment le plus innocent et le plus heureux de sa vie, quand il était encore un pauvre tout petit enfant.

CHAPITRE VI.

Aspect de Jérusalem.

Figurez-vous un Français du dix-neuvième siècle, qui vient tout droit de Paris, qui a passé par l'Italie et par la Grèce pour venir planter sa tente dans un champ rocailleux; parmi quelques troncs noueux d'oliviers maigres et rabougris, à quelques centaines de pas de la tour de David, un peu au-dessous de la fontaine de Siloé, qui coule encore sur les dalles nues de sa grotte, non loin du poète-roi qui l'a si souvent chantée. Que de pensées diverses doivent agiter le voyageur à l'aspect de toutes ces ruines, qui étaient déjà des ruines quand s'élevaient les villes de la Gaule! que de souvenirs du passé planent sur ces déserts! Nous sommes heureux de pouvoir citer ici une admirable description que nous devons à M. de Lamartine :

« D'un côté les riantes et noires terrasses qui portaient jadis le trône de Salomon, couronnées par les trois coupoles bleues et par les colonnettes légères et aériennes de la mosquée d'Omar qui plane aujourd'hui sur Jérusalem; de l'autre côté le désert. La ville de Jérusalem, que la peste ravageait alors, était toute inondée des rayons d'un soleil éblouissant, répercutés sur ses mille dômes, sur ses marbres blancs, sur ses tours de pierres dorées, sur ses murailles polies par les siècles et par les vents salins du lac Asphaltite. Aucun bruit ne montait de son enceinte muette et morte comme la couche d'agonisans. Les larges portes étaient ouvertes, et l'on apercevait de temps en temps le turban blanc et le manteau rouge du soldat arabe, gardien inutile de ces portes abandonnées : rien ne venait, rien ne sortait ; le vent du matin soulevait seul la poudre ondoyante des chemins, et faisait un moment l'illusion d'une caravane ; mais quand la bouffée de vent avait passé, quand elle était venue mourir en sifflant sur les créneaux de la tour des Pisons, ou sur les trois palmiers de la maison de Caïphe, la poussière retombait, le désert apparaissait de nouveau, et le pas d'aucun chameau, d'aucun mulet ne retentissait sur le pavé de la route. Seulement de quart d'heure en quart d'heure les deux battans ferrés de toutes les portes de Jérusalem s'ouvraient, et l'on voyait passer les morts que la peste venait d'achever et que deux esclaves nus portaient sur un brancard aux tombes répandues tout à l'entour. Quelquefois un long cortége de Turcs, d'Arabes, d'Arméniens, de Juifs accompagnait le mort, et défilait en chantant entre les troncs d'oliviers, puis rentraient à pas lents et silencieusement dans la ville; plus souvent les morts étaient seuls, et quand les deux esclaves avaient creusé de quelques palmes le sable ou la terre de la colline, et couché le pestiféré dans son dernier lit, ils s'asseyaient sur la terre même qu'ils venaient d'élever, se partageaient les vêtemens du mort, et allumant leurs longues pipes, ils fumaient en silence et regardaient la fumée de leurs chibouks monter en légère colonne bleue et se perdre gracieusement dans l'air limpide, vif et transparent de ces journées d'automne. Plus loin la vallée de Josaphat s'étendait comme un vaste sépulcre; le Cédron tari la sillonnait d'une déchirure blanchâtre, toute semée de gros cailloux, et les flancs des deux collines qui la cernent étaient tout blancs de tombes et de turbans sculptés, monument banal des Osmanlis. Un peu sur la droite, la colline des Oliviers s'affaissait, et laissait entre les chaînes éparses des cônes volcaniques des montagnes nues de Jéricho l'horizon s'étendre et se prolonger comme une avenue lumineuse entre des cimes de cyprès inégaux; le regard s'y jetait de lui-même, attiré par l'éclat azuré et plombé de la mer Morte, qui luisait au pied des degrés de ces montagnes, et derrière la chaîne bleue des montagnes de l'Arabie pétrée, bornait l'horizon : mais borner n'est pas le mot; car ces montagnes semblaient transparentes comme le cristal, et l'on voyait, ou l'on croyait voir au-delà un horizon vague et indéfini s'étendre encore et nager dans les vapeurs ambiantes d'un air teint de pourpre et de céruse.

« C'était l'heure de midi, l'heure où le muezlin épie le soleil sur la plus haute galerie du minaret où il chante l'heure et la prière à toutes les heures. Voix vivante, animée, qui sait ce qu'elle dit et ce qu'elle chante, bien supérieure à la voix stupide et sans conscience de la cloche de nos cathédrales. Les Arabes avaient donné l'orge dans le sac de poil de chèvre à leurs chevaux attachés çà et là autour de la tente; les pieds enchaînés à des anneaux de fer, ces beaux et doux animaux étaient immobiles, leur tête penchée et ombragée par leur longue crinière éparse, leur poil gris luisant et fumant sous les rayons d'un soleil de plomb. Les hommes s'étaient rassemblés à l'ombre du plus large des oliviers; ils avaient étendu sur la terre leur natte de damas, et ils fumaient en se contant des histoires du désert, ou en chantant des vers d'Antar. Antar, ce type de l'Arabe errant, à la fois pasteur, guerrier et poète, qui a décrit le désert tout entier dans ses poésies nationales, épique comme Homère, plaintif comme Job, amoureux comme Théocrite, philosophe comme Salomon; ses vers qui endorment ou exaltent l'imagination de l'Arabe autant que la fumée du tombach dans le narguilé[1], retentissaient en sons gutturaux dans le groupe animé des Saïs; et quand le poète avait touché plus juste ou plus fort la corde sensible de ces hommes sauvages, mais impressionnables, on entendait un léger murmure de leurs lèvres; ils joignaient leurs mains, les élevaient au-dessus de leurs oreilles, et

---

1 Pipe où la fumée du tabac passe dans l'eau avant d'arriver à la bouche.

inclinant la tête, ils s'écriaient tour à tour: *Allah! Allah! Allah!* A quelques pas de là une jeune femme turque pleurait son mari sur un de ces petits monumens de pierre blanche dont toutes les collines autour de Jérusalem sont parsemées; elle paraissait à peine avoir dix-huit ou vingt ans, et c'était une ravissante image de la douleur; son profil, que son voile rejeté en arrière laissait entrevoir, avait la pureté de lignes des plus belles têtes du Parthénon, mais en même temps la mollesse, la suavité et la gracieuse langueur des femmes de l'Asie, beauté bien plus féminine, bien plus fascinante pour le cœur que la beauté sévère et mâle des statues grecques. Ses cheveux, d'un blond bronzé et doré, comme le cuivre des statues antiques, couleur très-estimée dans ce pays du soleil dont elle est comme un reflet permanent, ses cheveux, détachés de sa tête, tombaient autour d'elle et balayaient littéralement le sol. Elle avait jonché de toutes sortes de fleurs le tombeau et la terre à l'entour; un beau tapis de damas était étendu sous ses genoux; sur le tapis il y avait quelques vases de fleurs et une corbeille pleine de figues et de galettes d'orge; car cette femme devait passer la journée entière à pleurer ainsi. Un trou creusé dans la terre, et qui était censé correspondre à l'oreille du mort, lui servait de porte-voix vers cet autre monde où dormait celui qu'elle venait visiter : elle se penchait de momens en momens vers cette étroite ouverture; elle y chantait des choses entremêlées de sanglots; elle y collait ensuite l'oreille, comme si elle eût entendu la réponse; puis elle se remettait à chanter en pleurant encore. Vainement on eût essayé de comprendre les paroles qu'elle murmurait ainsi : que de secrets de l'amour et de la douleur renfermaient ces paroles! que de soupirs animés de toute la vie de deux ames arrachées l'une à l'autre ces paroles confuses et noyées de larmes devaient contenir! Oh! si quelque chose pouvait jamais réveiller un mort, c'étaient de pareilles paroles, murmurées par une pareille bouche!

« A deux pas de cette femme, sous un morceau de toile noire soutenue par deux roseaux fichés en terre pour servir de parasol, ses deux petits enfans jouaient avec trois esclaves noires d'Abyssinie, accroupies comme leur maîtresse sur un tapis étendu sur le sable. Ces trois femmes, toutes les trois jeunes et belles aussi, aux formes sveltes et au profil aquilin des nègres de l'Abyssinie, étaient groupées dans des attitudes diverses comme trois statues tirées d'un seul bloc. L'une avait un genou en terre, et tenait sur l'autre genou un des enfans, qui tendait ses bras du côté où pleurait sa mère; l'autre avait ses deux jambes repliées sous elle et ses deux mains jointes sur son tablier de toile bleue, comme la Madeleine de Canova; la troisième était debout, un peu penchée sur ses deux compagnes, et, se balançant à droite et à gauche, berçait contre son sein à peine dessiné le plus petit des enfans, qu'elle essayait en vain d'endormir. Quand les sanglots de la jeune veuve arrivaient jusqu'aux enfans, ceux-ci se prenaient à pleurer, et les trois esclaves noires, après avoir répondu par un sanglot à celui de la maîtresse, se mettaient à chanter des airs assoupissans et des paroles enfantines de leur pays pour apaiser les deux enfans.

« C'était un dimanche; à deux cents pas delà, derrière les murailles épaisses et hautes de Jérusalem, on entendait sortir par bouffées de la noire coupole du couvent grec les échos éloignés et affaiblis de l'office des vêpres; les hymnes et les psaumes de David s'élevaient après deux mille ans, rapportés par des voix étrangères et dans une langue nouvelle, sur ces mêmes collines qui les avaient inspirés, et le voyageur voyait sur les terrasses du couvent quelques figures de vieux moines de terre-sainte aller et venir, leur bréviaire à la main, et murmurant ces prières murmurées déjà par tant de siècles dans des langues et dans des rythmes divers! »

Et il était là aussi, notre ami Victor, pour chanter toutes ces choses; pour étudier les siècles à leur berceau, pour remonter jusqu'à sa source le cours inconnu d'une civilisation, d'une religion, pour s'inspirer de l'esprit des lieux et du sens caché des histoires et des monumens, sur ces bords qui furent le point de départ du monde moderne, et pour nourrir d'une sagesse plus réelle et d'une philosophie plus vraie la poésie grave et pensée de l'époque avancée où nous vivons.

Cette scène, recueillie dans un des mille souvenirs de son voyage, présenta à Victor Ogier les destinées et les phases presque complètes de toute poésie : les trois esclaves noires berçant les enfans avec les chansons naïves et sans pensée de leur pays, la poésie pastorale et instinctive de l'enfance des nations; la jeune veuve turque, pleurant son mari, en chantant ses sanglots à la terre, la poésie élégiaque et passionnée, la poésie du cœur; les soldats et les guides arabes récitant des fragmens belliqueux et amoureux et merveilleux d'Antar, la poésie épique et guerrière des peuples nomades et conquérans; les moines grecs chantant les psaumes sur leurs terrasses solitaires, la poésie sacrée et lyrique des âges d'enthousiasme et de rénovation religieuse. Et lui, méditant sous la tente, et recueillant des vérités historiques ou des pensées sur toute la terre, il représentait à son tour la poésie de philosophie et de méditation, fille d'une époque où l'humanité s'étudie et se résume elle-même jusque dans les chants dont elle amuse ses loisirs.

La nuit venue, une belle nuit sous un ciel parsemé d'étoiles, Victor Ogier vint à penser qu'il n'avait pas d'interprète. Comme il cherchait un moyen de trouver un compagnon de route qui sût le français et l'Arabe, il entendit non loin de lui, à sa droite, sous un palmier, une voix douce et mélancolique, à coup sûr la voix d'un poète qui récitait des vers. Tout faisait silence autour de cette voix; la caravane était endormie, seulement de temps à autre, une tête se levait et prêtait l'oreille à ces accens harmonieux. Les six Arabes assis sur leur séant et dans l'attitude du recueillement, ouvraient leurs ames aux paroles sonores. C'était plaisir de les voir ainsi calmes et reposés. La taille des Arabes est plutôt grande que petite; ils sont bien faits et légers; ils ont la tête ovale, le front haut et arqué, le nez aquilin, les yeux grands et coupés en amandes, le regard humide et doux. Quand ils parlent, on aperçoit de longues dents éblouissantes de blancheur, comme celles des chacals. Leur vêtement consiste en une tunique nouée autour des reins par une ceinture; tantôt ils ôtent un bras de la manche de cette tunique, et ils sont alors drapés à la manière antique; tantôt ils s'enveloppent dans une couverture de laine blanche, qui leur sert de toge, de manteau ou de voile, selon qu'ils la roulent autour d'eux, la suspendent à leurs épaules, ou la jettent sur leurs têtes. Ils marchent pieds nus; ils sont armés d'un poignard, d'une lance ou d'un long fusil. Les tribus voyagent en caravanes; les chameaux cheminent à la file : le chameau de tête est attaché par une corde au cou d'un âne, qui est le guide de la troupe; celui-ci, comme chef, est exempt de tout fardeau et jouit de quelques priviléges. Aux premiers vers de l'Arabe, Victor Ogier fut bientôt sur son séant.

L'Arabe qui chantait était un vieillard, mais encore vert et énergique; sa barbe noire, ses dents blanches, les diverses formes qu'il donnait à son vêtement, tout contribuait à en faire un homme imposant. On l'écoutait en silence; de temps à autre quelques exclamations, bientôt réprimées, venaient confirmer l'intérêt de son récit; quelquefois tous les Arabes, emportés par l'admiration, répétaient quelques vers du vieux conteur. Les chevaux eux-mêmes avaient l'air de prêter l'oreille, et leurs têtes intelligentes s'avançaient au-dessus de la troupe. A cette scène inattendue Victor Ogier se sentit transporté de joie : oui, c'étaient bien là les descendans de la race primitive des hommes, c'étaient bien là les mœurs pastorales des temps d'Agar et d'Ismaël; ils habitaient le même désert que Dieu leur donna pour héritage; et quel héritage? le désert de Pharan, la vallée du Jourdain, les montagnes de Samarie, le chemin d'Hébron. Oui, c'était bien là l'Orient, dont sont sortis tous les arts, toutes les sciences, toutes les religions; c'était bien là l'Arabie jetée sur le grand chemin du monde entre l'Afrique et l'Asie, perdue dans les brillantes régions de l'aurore, sur un sol sans arbres et sans eau. L'Orient, l'Orient était là! il le touchait enfin; il l'entendait, il le voyait! Victor Ogier était hors de lui.

Mais que devint-il, lorsque le vieux

poète, interrompant tout à coup son récit commencé, vint se poser devant lui, Victor Ogier! L'Arabe, se drapant majestueusement dans son manteau troué, regarda de haut en bas l'étranger couché à ses pieds; puis avec un sourire de mélancolie et de regrets il lui parla ainsi en français : « pauvre étranger, muet et sourd ! » En même temps il restait debout droit et fixe, attendant la réponse de l'étranger.

Victor Ogier, après avoir rendu à l'Arabe qui lui parlait regard pour regard, curiosité pour curiosité, lui parla en ces termes d'un ton bref et impératif; car dans ces sables et parmi ces hordes errantes, il faut avant tout qu'un Français n'ait peur de rien, pour soutenir la réputation de son pays.

— « Pourquoi dis-tu ceci : *pauvre étranger ?* » lui demanda Victor Ogier.

A quoi l'Arabe répondit : « Je dis *pauvre étranger*, parce que tu vas dans le désert sans savoir où tu vas, parce que tu vas écouter des paroles sans les comprendre, parce que tu es tout seul, parce que tu n'as fait alliance avec personne pour voyager avec toi; voilà pourquoi je dis : *pauvre étranger!* »

Victor Ogier lui répondit : « Et si je te dis : sois mon compagnon, sois mon guide, sois mon interprète, sois mon ami; traduis-moi sur ta route le langage des hommes, les vers de tes poètes, les récits de tes conteurs — diras-tu : je le veux bien? »

L'Arabe, sans répondre directement à Victor Ogier, se mit à murmurer ces paroles d'une voix plaintive et monotone:

« Je ne suis pas de ces gens incapables
« de supporter la soif, qui, en menant le
« soir leurs troupeaux à la pâture, éloignent
« les petits de leurs mères; je ne suis pas
« non plus du nombre de ces hommes
« timides qui ne s'éloignent jamais de la
« société de leurs femmes, hommes aussi
« timides que l'autruche, dont le cœur
« palpitant ressemble au passereau qui s'é-
« lève et s'abaisse tour à tour à l'aide de
« ses ailes; rebuts de leurs familles, lâches
« casaniers que l'on voit à chaque instant
« du jour parfumés et fardés comme des
« femmes. Je ne suis pas de ces hommes
« faibles et petits dont les défauts ne sont
« rachetés par aucune vertu, incapables de
« tout, qui, n'étant protégés par aucune

« arme, prennent l'épouvante à la moindre
« menace; de ces ames sans énergie que
« les ténèbres saisissent d'effroi, quand
« leur robuste et agile monture entre dans
« une solitude affreuse qui n'est propre qu'à
« égarer le voyageur. Quand les pieds de
« ma monture rencontrent une terre dure
« et semée de cailloux, ils en tirent des
« étincelles et les font voler en pièces. Je
« sais triompher de la faim en entretenant
« long-temps son espoir par de vaines pro-
« messes, jusqu'à ce qu'enfin je la réduise
« au néant, j'en détourne ma pensée et je
« l'oublie entièrement. Je dévore la pous-
« sière sèche et sans aucune humidité, de
« peur que quelque bienfaiteur orgueil-
« leux, en venant à mon secours, ne s'ima-
« gine avoir le droit de s'élever au-dessus
« de moi. Si ce n'était la crainte d'essuyer
« quelque outrage, qui m'a fait embrasser
« cette vie pénible et errante, tout ce que
« l'on peut désirer pour apaiser la faim et
« la soif ne se trouverait que chez moi;
« mais une ame fière, comme la mienne,
« ne continuera de m'animer qu'aussi long-
« temps que je pourrai me transporter

« dans d'autres régions. Je sais renfermer
« la faim dans les replis de mes entrailles,
« comme tient dans sa main une habile
« fileuse les fils que tordent ses doigts.

« Je sors dès le matin, n'ayant pris qu'une
« légère nourriture, tel qu'un loup maigre,
« aux poils grisâtres, qu'une solitude con-
« duit à une autre solitude, et qui, pressé
« de la faim, se met en course à la pointe
« du jour avec la rapidité du vent; dévoré
« par la soif, il se jette dans le fond des
« vallées et précipite sa marche; fatigué
« de chercher en vain dans des lieux où
« il ne trouve aucune proie, il pousse des
« hurlemens, auxquels répondent bien-
« tôt ses semblables, des loups maigres
« comme lui, aux flancs décharnés, dont
« le visage porte l'empreinte de la vieillesse.
« Ces loups ouvrent une large gueule;
« leurs mâchoires écartées ressemblent aux
« deux parties d'une pièce de bois qu'on a
« fendue; ils ont un aspect affreux et ter-
« rible. Aux hurlemens de ce loup les
« autres répondent par des hurlemens
« dont retentit au loin le désert; on les
« prendrait pour autant de mères éplorées

« dont les cris déchirans se font entendre
« du sommet d'une colline élevée. A ces
« cris succède le silence, et leur silence
« succède à leurs cris ; quoique pressés par
« la violence de la faim, ils cachent les
« maux qu'ils endurent sous une bonne
« contenance.

« Lorsque je prends la terre pour mon
« lit, j'étends sur sa surface un dos que
« soulèvent des vertèbres saillantes et des-
« séchées, et je repose ma tête sur un bras
« décharné dont toutes les articulations
« semblent être autant de dés jetés par un
« joueur et qui sont dressés debout devant
« lui.

« Si tu me vois semblable à l'animal
« qui vit au milieu des sables, exposé à
« l'ardeur du soleil, dans un état de mi-
« sère, les pieds nus et dépourvus de
« chaussure, sache que je suis un homme
« dévoué à la patience ; je cache sous mon
« manteau troué un cœur de lion, et la
« fermeté d'ame me tient lieu de sandales.
« Tantôt je manque de tout, tantôt je suis
« dans l'abondance ; car celui-là est véri-
« tablement riche qui ne craint pas l'exil

« et qui n'épargne point sa vie. La misère
« et l'indigence ne m'arrachent aucun signe
« d'impatience, et les richesses ne me ren-
« dent point insolent. Ma sagesse n'est point
« le jouet des passions insensées ; on ne
« me voit point rechercher les bruits dé-
« favorables que sème la renommée pour
« en noircir la réputation d'autrui.

« Combien de fois, pendant une nuit
« rigoureuse, où le chasseur brûlait, pour
« se chauffer, son arc et ses flèches, je
« n'ai pas craint de voyager, malgré les
« ténèbres et la pluie, n'ayant pour toute
« compagnie que la faim, la brume, la
« crainte et les alarmes. J'ai rendu des
« femmes veuves et des enfans orphelins,
« et je suis revenu comme je suis parti,
« tandis que la nuit conservait encore
« toute son obscurité. Le matin venu,
« mes ennemis se demandèrent qui était
« venu les visiter pendant la nuit; est-ce
« un homme? est-ce une hyène? est-ce un
« génie malin? Si c'est un génie, il nous a
« fait bien du mal; si c'est un homme....
« mais un homme ne peut pas faire tant
« de ravages !

« Pendant les jours brûlans de la cani-
« cule, où les reptiles eux-mêmes ne peu-
« vent supporter le soleil, j'ai exposé har-
« diment mon visage à tous ses feux, sans
« qu'aucun voile me couvrît, et n'ayant
« pour tout abri contre sa fureur qu'une
« toile déchirée et une longue chevelure
« qui, agitée par le vent, se séparait à
« touffes épaisses, dans laquelle le peigne
« n'avait point passé, qui n'avait été depuis
« long-temps ni parfumée, ni purgée de
« vermine, enduite d'une crasse invétérée,
« sur laquelle une année entière avait
« passé, sans qu'elle eût été lavée ou net-
« toyée.

« Combien de fois n'ai-je pas traversé à
« pied des déserts immenses, aussi nus
« que le dos d'un bouclier, qui n'étaient
« point accoutumés de sentir le pas du
« voyageur. J'en ai parcouru toute l'éten-
« due depuis une extrémité jusqu'à l'autre,
« et je me suis traîné jusqu'aux sommets
« d'une hauteur inaccessible, que j'ai gravis
« tantôt debout, tantôt assis comme un
« chien. Autour de moi rodaient de noirs
« bouquetins à longs poils, que l'on eût

« pris de loin pour de jeunes filles revêtues
« de robes traînantes; ils s'arrêtaient autour
« de moi sur le soir, et semblaient me
« prendre pour un grand chamois tacheté
« de blanc, aux jambes torses, qui gagnaient
« le penchant de la colline.[1] »

Ainsi chanta le vieil Arabe; quand il eut tout dit, Victor Ogier lui tendit la main; l'Arabe prit la main de Victor, et leur marché fut conclu sans qu'ils eussent échangé une autre parole.

L'instant d'après l'Arabe se couchait à côté de Victor sous le même manteau, étendant, comme il disait, sur la terre nue un *dos que soulevaient des vertèbres saillantes, et reposant sa tête sur un bras décharné, dont toutes les articulations semblaient être autant de dés jetés par un joueur.*

Ils s'endormirent paisiblement.

CHAPITRE VII.

Ils s'enfoncent dans le désert.

Le soleil de l'Orient se couche a peine; même quand il repose on le voit encore,

---

[1] Le *Schanfara* (traduction de M. Silvestre de Sacy).

et il n'y a pas de nuit si sombre où le voyageur, en relevant la tête et en regardant le ciel, ne puisse dire à coup sûr : voilà le soleil ! L'Orient est la patrie du soleil; c'est de là qu'il part tous les jours pour faire le tour du monde; c'est là qu'il revient tous les soirs, et tous les jours, tous les jours ainsi; et chaque jour il se lève sur une génération nouvelle, chaque jour il éclaire un nouveau peuple, chaque jour il entend des hymnes ou des imprécations nouvelles. Le soleil est la source de toute poésie; il donne au monde le mouvement, la lumière et la vie. Vous pensez bien qu'ils ne dorment pas long-temps ceux qui sont couchés sous le soleil.

Aussi Victor Ogier, après quelques heures de sommeil, fut bientôt debout, réveillé qu'il était par un rayon de l'aurore. Déjà toute la caravane était levée, le mahométan faisait ses ablutions au bord de la fontaine qu'il allait quitter; le chrétien se tournait vers Jérusalem, et lui disait adieu en récitant la prière à Marie: *Je vous salue, Marie, pleine de grâces.* L'âne conducteur prenait déjà les devans et marchait l'oreille baissée, pressentant déjà les sables et les feux dévorans du désert. En même temps les chameaux faisaient une provision d'eau dans leur large estomac; ils en prenaient pour quarante jours. C'est un spectacle plein d'intérêt, celui-là : voir des hommes venus de toutes les parties du monde pour trouver un désert de sable! des hommes qui s'en vont d'une ruine à une autre pour le plaisir de voir des ruines; de Jérusalem aux pyramides, ces ruines éternelles, et des pyramides à toutes ces villes mortes et couchées, qui n'ont gardé que des noms sonores de toutes leurs grandeurs évanouïes. Victor Ogier était jeune, il était brave, il était avide de mouvement; il était plein de croyance, lui qui avait passé par Jérusalem; il était heureux, et comme le cheval de Job, il frappait la terre du pied et il disait: — *allons!*

Alors le guide entama sa chanson; car le chant est nécessaire aux chameaux des caravanes. La poésie est le seul ombrage que rencontre le voyageur. Un voyage dans le désert serait mortel à toutes les imaginations et à tous les courages, si la poésie arabe ne venait pas au secours de ces pauvres voyageurs épuisés et haletans. Une fois en route, la poésie suffit à tous les besoins de la caravane. Quand le soleil est au plus haut degré, et que ses rayons tombent d'aplomb et font fendre la terre sous le pied des voyageurs, l'Arabe chante le printemps et le zéphyr et les claires fontaines; quand le désert s'étend au loin plus immense que jamais, l'Arabe s'abandonne à sa plaisanterie de bon goût; il propose des énigmes, ou bien il développe mille sentences de probité, de courage, d'honneur, et le désert paraît moins immense, comme tout à l'heure la soif était moins cruelle. Le jour venu, quand les chameaux se sont mis à genoux pour livrer au voyageur le pain et les dattes, quand les chamelles ont abandonné leur lait écumant, la poésie vient faire encore tous les frais de ce repas modeste. Un conte, quelque beau conte tout brillant d'or et de magie, tout rempli de fées et de génies bienfaisans, vient charmer l'heure du repas, et sert à la fois de drame, de conversation et de prière du soir. Vous avez entendu dire sans doute, que dans Venise les gondeliers, pour charmer les heures, se récitaient en chantant les stances cadencées de la *Jérusalem* du Tasse : les Arabes sur leurs chameaux n'ont pas moins de poèmes à réciter que les gondeliers de l'Adriatique dans leurs gondoles. L'Arabe, comme l'Italien, a des poèmes faits pour lui seul, dans lesquels il trouve des vers et des strophes pour toutes les situations de la vie. Un de ces poèmes, *Antar*, moitié vers, moitié prose, est une vaste composition, qui embrasse dans son ensemble toute la vie pastorale, législative et guerrière des Arabes. *Antar* est à l'Orient ce que l'Iliade est à la Grèce, ce que la Jérusalem est à l'Italie, ce que les romans de chevalerie sont à la France; une poésie immense, inépuisable, poésie de toutes les heures. Il y a un degré dans la poésie, après lequel la poésie change de nom et devient de l'histoire : tel est le poème d'*Antar*.

Voici ce que chantait le guide; il chantait un joli passage du poème de Maïmoun, fils de Kaïs; le poème s'appelle *Ascher*.[1]

« Dis adieu à Horaïrèh, il en est temps;

---

[1] Traduction de M. le baron Silvestre de Sacy.

« car déjà la troupe des voyageurs se met
« en marche. Mais auras-tu la force, mal-
« heureux, de dire adieu à ta jeune épouse
« que parent la blancheur de son front,
« sa longue chevelure, l'éclatant poli de
« ses dents, une démarche molle et non-
« chalante, semblable à celle d'un cour-
« sier qui ose à peine appuyer son ongle
« malade sur un terrain fangeux? Sort-elle
« de sa tente, sa marche est celle d'un nuage
« qui traverse le ciel sans lenteur comme
« sans vîtesse; à chaque mouvement qu'elle
« fait, le cliquetis des bijoux qui forment
« sa parure se fait entendre, comme le son
« des graines du bruyant *ischrih* [1], lorsque
« le zéphyr lui prête le secours de son doux
« frémissement. Horaïrèh n'est pas du
« nombre de ces femmes qui font la terreur
« de leurs voisins; jamais ils ne la voient
« épier leurs secrets. Elle a besoin de re-
« cueillir toutes ses forces pour ne point
« succomber à son extrême délicatesse,
« lorsqu'elle visite ses voisines. Tout en-

---

[1] Espèce d'arbuste dont les gousses produisent une graine sonore comme la graine de pavot.

« chante dans Horaïrèh, et le balancement
« de ses hanches surchargées d'embon-
« point, et la délicatesse à laquelle elle a
« été accoutumée, et la rondeur de ses
« bras potelés, sous laquelle s'effacent les
« aspérités du coude, et ses pieds qui re-
« posent à peine sur le sol, comme s'ils
« avaient pour chaussures des épines dont
« ils redoutassent les atteintes cruelles.
« Elle ne peut se lever sans que la vapeur
« parfumée du musc se répande autour
« d'elle, et que l'odeur du rouge *zanbak*[1]
« qui sort de ses vêtemens se fasse sentir
« au loin; le lys lui-même n'exhale pas
« une odeur plus suave et plus délicieuse,
« et n'offre pas aux regards un spectacle
« plus enchanteur au déclin du jour. »

Et, après avoir chanté Horaïrèh, quand le soleil fut devenu plus violent, quand le désert se fut étendu tout autour de la caravane, un autre voyageur se mit à chanter le vin et les fêtes, sans doute pour oublier la soif qui le dévorait :

« Plus d'une fois[2] je me suis rendu à la

---

1 Le lys.
2 Même poème.

« taverne, suivi d'un agile cuisinier, leste,
« avide, prompt à exécuter mes ordres,
« au milieu d'une troupe de jeunes gens
« à la taille fine comme le tranchant d'un
« glaive de l'Inde, et qui savaient que la
« ruse ne garantit point de moi l'homme
« le plus rusé. Appuyé sur la table, je n'ai
« pas craint de leur tenir tête et de leur
« disputer soit des branches de basilic,
« soit le vin piquant d'une amphore qui
« n'était jamais à sec. Après avoir vidé une
« première coupe et une seconde, ils ne
« sortaient un moment de l'ivresse, où les
« avait plongés la liqueur dont la source
« ne tarissait point, que pour dire : *Verse-*
« *nous encore une fois!* Leurs verres étaient
« remplis à la ronde par un jeune échanson
« paré de pendans d'oreille. Que de bonheur ne m'a pas procuré un jour passé
« dans ces divertissemens! Les plaisirs prolongés doivent être comptés au nombre
« des leçons de l'expérience.

« Mais laissons là ces discours. Vois-tu
« cette nuée qui traverse le ciel? toute la
« nuit j'ai observé sa marche. Les éclairs
« qui s'échappent de ses bords semblent

« autant de flammes; d'autres nuages les
« suivent par derrière; une ceinture épaisse
« l'environne, et les contours versent des
« torrens d'eau de toutes parts. Les yeux
« fixés sur elle, aucun plaisir n'a pu en
« détourner mon attention; j'ai oublié
« et les douceurs du vin et les affaires sé-
« rieuses. Observez, ai-je dit aux buveurs
« déjà étourdis par les fumées du vin, ob-
« servez en quelle contrée ce nuage verse
« ses eaux. "

Ainsi chantait le poète, et les voyageurs, éperdus, haletans, la gorge altérée, regardaient partout autour d'eux pour apercevoir ce bienheureux nuage; ils ouvraient la bouche pour aspirer quelques gouttes de cette pluie; mais ils ne voyaient dans le ciel que le soleil flamboyant; ils ne respiraient que le sable du désert.

Quelquefois, tout au bout de la caravane, un pauvre voyageur, qui ne pouvait pas entendre les chansons du guide, se mettait à chanter pour son propre compte :

« Ralentis ta marche et compâtis à mon sort, ô chamelier! songe que tu emportes mon cœur avec toi.

« Ne vois-tu pas comme les chameaux gourmandés, remplis d'ardeur, tourmentés par la faim et la soif, soupirent après les délicieux pâturages!

« La fatigue des déserts a transformé leur corps en un squelette qui n'est revêtu que d'une peau desséchée.

« Leurs pieds dépouillés et meurtris sont devenus si sensibles à la douleur, que le sable sur lequel ils marchent paraît être changé en charbons ardens.

« Leur extrême lassitude a diminué leur embonpoint, et l'anneau attaché à leurs narines ne soutient plus leur bride flottante. Laisse-les paître librement l'herbe desséchée qui croît dans les terres basses.

« Leur brillant courage les a exténués; si tu manques d'eau pour calmer leur soif, eh bien, conduis-les promptement dans des lieux creux où ils puissent se désaltérer.

« Marche devant eux pour les guider, mais ne les fatigue point trop; tu sais qu'ils se rendent vers la plus sainte des vallées.

« Que Dieu protége ta vie, si tu passes au matin par la vallée de Yanbona, par Abduhna et par Bedr;

« Si tu franchis les plaines sèches et arides, dans le dessein de visiter les tentes de Codaïd, séjour des mortels vertueux;

« Si tu t'approches de Kholaïs, d'Ousfân et de Marrazzharrân, qui est le rendez-vous des habitans des déserts;

« Si tu t'avances ensuite vers Aldjamoun, Alcan, Addakna, lieux où descendent les voyageurs qui ont besoin d'eau;

« Si tu arrives à Azzâhir qui produit des fleuves, et que tu te diriges vers le sommet des montagnes;

« Si enfin tu arrives à Alkhiam, n'oublie pas de saluer de ma part les Arabes chéris de cette contrée.

« Captive-les par des discours pleins de douceur, et conte-leur une partie des peines que j'endure et qui ne doivent jamais finir.

« O mes amis! quand est-ce que votre approche de l'asile inviolable que j'habite me rendra le soleil qui m'a fui?

« O mes amis, qu'elle est amère la séparation de la tribu, et qu'elle est douce la réunion après une longue absence!

« Comment pourrait-il trouver des charmes à la vie l'infortuné abîmé par l'excès de la souffrance, et qui cache dans ses entrailles des flammes qui le consument?

« Sa vie et sa patience s'évanouissent; mais son amour et sa douleur augmentent sans cesse.

« Hélas! son corps se trouve en Égypte, ses doux amis sont en Syrie, et son cœur est dans Adjâd.

« Oh! s'il m'était permis de faire une nouvelle station sur les pierres chéries d'Arafat, de quelle joie ne serais-je pas enivré après une si longue absence!

« Que d'autres ambitionnent des richesses et des dignités, pour moi, je ne soupire qu'après la vallée de Mina; elle seule fait l'objet de tous mes vœux!

« O habitans de Hedjaz, ô vous que j'aime si tendrement! si la fortune, soumise aux décrets divins, a voulu que je demeurasse séparé de vous,

« Eh bien! apprenez que mon antique passion pour vous subsiste encore aujourd'hui, et que les doux sentimens que vous m'inspirâtes autrefois m'animent encore en ce moment.

« Vous habitez dans le fond de mon

cœur; mais hélas! vous êtes bien loin de mes yeux.

« O toi, mon assidu compagnon pendant la nuit, si tu veux m'être secourable, console mon cœur en m'entretenant de la Mecque.

« Oui, le voisinage de la Mecque est ma patrie, sa terre est mon parfum, et c'est sur les bords de son torrent que je trouve mes provisions de voyage.

« Là sont les objets de ma tendresse; là je m'élevais à la perfection, et les faveurs du Ciel descendaient sur moi.

« Ah! si la fortune m'accorde de retourner à la Mecque, peut-être reverrai-je ces jours qui furent pour moi des jours de fête ravissans.

« J'en jure et par la mer Alhatim, et par les autels du temple, et par les voiles sacrés et par les monts Safa et Metwa, entre lesquels courent les fervens adorateurs,

« Et par l'ombre d'Aldjenab, et par la pierre d'Ismaël, et par la gouttière sainte, et par le lieu où sont exaucées les prières des pélerins :

« Non, je n'ai jamais respiré l'odeur

suave du Bacham, qu'au même instant elle n'ait apporté à mon cœur un salut de la part de Soâd, mon épouse bien-aimée! »

On marchait ainsi des jours entiers; de bien longs jours! La poésie était la seule conversation des voyageurs; c'était un langage qui unissait toutes les ames, qui rafraîchissait tous les visages, qui rendait à tous les cœurs fatigués l'espérance et le repos. Quelquefois la caravane rencontrait une tribu amie, et alors les vieillards de la tribu venaient au-devant de leurs frères, et le chant de l'arrivée ne manquait pas plus que n'avait manqué le chant du départ :

« O mes chers compagnons ! depuis votre départ mon cœur est en proie aux tourmens. Ah! s'il succombait sous le poids de la douleur, il ne s'acquitterait pas encore d'une portion de tout ce qu'il vous doit.

« Vous êtes partis, et mon cœur est resté enchaîné comme un captif de votre palanquin. Eh! comment pourrait-il retourner à sa demeure l'infortuné à qui votre départ a ravi toutes ses forces?

« Pourrait-il, loin de vous, couler des jours sereins et libres de soucis, tandis que son cœur brûle d'amour, et que tous ses sens sont bouleversés ?

« Les colombes des sables ont par leur chant plaintif compati à ma peine. Ah ! Ne faudrait-il pas s'étonner si elles déploraient mon trépas ?

« O mon fidèle compagnon ! je t'en supplie, rends-moi la vie en m'entretenant de mes amis absens ; ne te lasse point de m'en parler, peut-être qu'alors tes discours calmeront un peu mon amour et mes souffrances !

« Et toi, messager rapide, décris-leur ma longue veille ; dis-leur que mes yeux attendent avec impatience la visite de leur image chérie.

« Supplie-les de faire présent à mes yeux d'un peu de sommeil ; puissent-ils me rendre une légère partie d'un repos qu'ils m'ont enlevé tout entier !

« Laisse échapper mon nom comme par hasard ; s'ils te demandent : le connais-tu ? alors réclame leur indulgence en ma faveur ; mais jure que tu ne me connais pas, si tu les vois se mettre en courroux.

« Rappelle-leur les nuits délicieuses que je passais auprès d'eux, quand eux seuls me tenaient lieu des sept astres voyageurs qui parcourent la route du ciel.

« Ils sont l'objet de mes désirs, de mes espérances; je ne vis que pour eux; je ne demande et ne recherche qu'eux.

« Ils sont mon refuge, lorsque je suis menacé de quelque infortune; mon port assuré, quand le sort ennemi me fait éprouver ses rigueurs.

« Ils sont l'ame de mon corps; ils sont la lumière de mes yeux, quoique mes jours soient couverts de deuil par leur absence, et qu'ils soient flétris par la douleur! »

Ainsi les deux tribus se saluent par des poésies. Puis la caravane continue son chemin, après avoir mangé le pain et le sel de l'hospitalité.

Comme vous voyez, cette poésie arabe est presque continuellement occupée de voyages. C'est une tribu qui s'en va, c'est une tribu qui revient; c'est un jeune époux qui dit adieu à sa bien-aimée; c'est un voyageur qui s'inquiète de son cheval;

c'est une caravane qui fait halte sous le soleil brûlant, et qui cherche en vain un nuage dans le ciel. Le désert, voilà le monde de l'Arabe, et si dans le désert il rencontre un puits rempli d'eau fraîche, un arbre chargé de fruits, une fleur qui se cache à l'abri du rocher, voilà notre poète heureux et content. A ces sujets ordinaires de poésie il faut ajouter le récit de ses batailles et le récit de ses amours.

La poésie arabe a encore cela de particulier : c'est que souvent elle procède par sentences. La morale, aussi bien que la loi des Arabes, est écrite en vers. Le Koran luimême est une espèce de poème. Voici quelques-unes de ces admirables sentences, si pleines de bonne foi, de raison et de vertu :

Le savant vit éternellement après sa mort; l'ignorant est mort même pendant qu'il marche sur la terre.

Dieu, pour exposer au grand jour la vertu qui se cache, arme contre elle la langue de l'envieux. Sans la flamme qui le brûle, connaîtrait-on le parfum de l'aloès?

Oui, j'aimerais mieux être précipité du haut

des montagnes, que de souffrir les injures des hommes.

On dit : gagner sa vie est une honte ! moi je dis : la honte, c'est de tendre la main !

La meilleure place dans ce monde, est la selle d'un coursier rapide; et l'ami le plus précieux dans le siècle est un livre.

Réside où tu veux, et acquiers de la science et des vertus, elles te tiendront lieu d'ancêtres. Certes, l'homme est celui qui dira : voilà ce que je suis ! N'est pas un homme celui qui dit : mon père a été.

Cette vie n'est qu'un meuble fragile : o insensé, insensé celui qui s'y attache ! L'instant passé est mort; l'avenir est caché, tu n'as à toi que l'instant où tu respires.

Dans son voyage en Orient, et grâce à une continuelle fréquentation avec les vieillards, Victor Ogier a recueilli avec soin tous les centons, proverbes, maximes, réflexions morales et autres, dont est semée la conversation arabe. Ce sont la plupart du temps mille maximes opposées, d'un

---

Idée première d'un des beaux vers français :
Le moment où je parle est déjà loin de moi !

effet piquant et inattendu. Il y a long-temps qu'on a dit en France que les proverbes étaient *la sagesse des nations.* Victor Ogier a réuni dans un conte tous les proverbes, toutes les moralités et maximes qu'il a entendus dans son voyage. Voici ce conte, qui vous donnera une très-juste et très-complète idée *de la sagesse de la nation arabe.* C'est un conte que notre ami Victor Ogier se plaît souvent à raconter :

Histoire du Cadi Mohammed ben Mocatil, et de ce qui lui arriva de la part d'un voleur qui le vainquit et lui prit ses habits.

On rapporte qu'au temps de Haroun-al-Raschid il y avait un Cadi, nommé Mohammed ben Mocatil, ayant autant de savoir que de littérature, également versé dans la jurisprudence civile et religieuse, et connaissant très-bien les règles de la justice. Une nuit, qu'étendu sur son lit, il feuilletait ses livres, ses yeux tombèrent sur un passage rapportant ce dire du prophète : *Que la prière est aussi méritoire à la ville qu'à la campagne.* Le Cadi se dit alors à lui-même : il faut que je monte sur ma mule, et que j'aille faire ma prière à mon jardin. Or ce jardin était éloigné d'une lieue. Le Cadi se leva donc à l'instant; il s'habilla, monta sur sa mule et partit. Mais il était à peine à moitié chemin, et voici qu'un voleur lui dit, en criant, de s'arrêter. Il s'arrêta en effet, effrayé des cris de ce brigand, auquel il dit: quoi, tu oses t'en prendre à moi, qui suis Cadi des Musulmans! Le voleur lui répondit: et toi, n'as-tu donc pas peur de moi qui suis voleur des Musulmans? mais quelle merveille, Cadi, que seul, revêtu de ces pompeux habits et monté sur une aussi belle mule, tu sortes et te mettes en route sans être accompagné de personne! c'est un effet de ton peu de bon sens et de ton ignorance des affaires. En vérité, dit le Cadi, je croyais que l'aurore approchait. C'est encore, reprit le voleur, quelque chose d'étonnant, que toi, Cadi, tu ne saches compter le temps, ni par les heures, ni par les étoiles, ni par les signes du zodiaque, ni par les stations de la lune, ni par les minutes; enfin, que tu n'aies pas la connaissance des astres. Malheur à toi brigand! s'écria le Cadi, ignores-tu donc ce dire du prophète, *que quiconque croit aux astres est un infidèle?* Le voleur lui répondit: le prophète a sans doute dit vrai ; mais toi, Cadi, tu t'autorises d'un dire du prophète, tandis que tu omets ce que Dieu a dit dans son incomparable livre : *Nous avons établi dans les cieux les signes du zodiaque, et nous les avons ornés pour briller aux yeux de ceux qui les regardent.* Il est dit dans un autre verset : *S'ils croient aux pléiades* ; il est dit encore dans un autre verset : *Et c'est lui qui a établi les astres pour nous servir de guide dans les ténèbres de la terre et de la mer.* Il est enfin d'autres versets qui se rapportent à la connaissance de cette science, et toi, qui te qualifies Cadi des Musulmans, tu ne connais pas les heures de la prière ! Tais-toi, ignorant, n'essaie pas, ayant si peu de savoir, de discuter davantage avec moi, et sans te livrer plus long-temps à tout ce verbiage, quitte tes habits, descends de dessus ta mule, et donne-les moi, car je suis pressé. Le Cadi demeura stupéfait en entendant le voleur s'exprimer avec tant d'éloquence et de facilité ; puis il lui dit : par Dieu, dis-moi à quelle heure de cette nuit nous nous sommes rencontrés ? Cette heure, répondit le voleur, est celle dans laquelle la lune est dans le scorpion, et l'étoile de Jupiter dans la planète de Mars. C'est une heure qui ne convient qu'aux voleurs : ainsi, seigneur Cadi, si tu veux voler, tu n'en peux pas choisir une plus favorable ; mais si tu veux voyager, ne te mets en route qu'après la troisième heure du jour, et attends, pour aller à ton jardin, que le soleil soit levé. Le Cadi ne put s'empêcher de rire, et il dit : par Dieu, je ne suis sorti à cette heure qu'en conséquence de ce dire du prophète, *que la prière est aussi méritoire à la ville qu'à la campagne.* Bah ! répondit le voleur, tu prends un dire et tu laisses l'autre. Et quel est, reprit le Cadi, cet autre dire que je laisse? N'as-tu donc jamais lu, répliqua le voleur, que le prophète a dit: *Cherchez un compagnon avant de vous mettre en route?* or, si tu avais eu un compagnon avec toi, je ne me serais pas approché de toi, et ne t'aurais point parlé; mais parce que tu n'as tenu compte de cette recommandation, Dieu t'a fait tomber dans mes filets. Mais abrégeons tous ces discours, dépouille tes habits et descends de dessus ta mule, car voici le jour qui approche, et je veux m'en aller. Le Cadi lui dit alors: as-tu quelque instruction? Oui, repondit le voleur. Eh bien! reprit le Cadi, comment ne sais-tu pas le dire du prophète? — Et quel est le dire du prophète? répliqua le voleur. Le Cadi répondit, le prophète a dit: *Le vrai croyant est celui dont les mains et la langue n'ont jamais nui à personne.* Le prophète a dit vrai, reprit le voleur; mais toi, Cadi, tu te prétends instruit, et tu n'as pas la moindre notion de quoi que ce soit. Comment cela, dit le Cadi. Le voleur lui répondit: tu crois que ta prière sera méritoire sans aumône, et Dieu a dit: *Priez et faites l'aumône;* et le prophète a dit: *Celui qui prie et ne fait point l'aumône, est comme un arbre sans fruit.* Or toi, tu as de l'argent, et tu ne donnes rien à personne; eh bien! moi, je veux te prendre tes habits et ta mule en place d'aumône. Tu es un avare, tu mourras et tu ressusciteras, et Dieu t'appellera à lui pour rendre compte de ta vie. Ne connais-tu donc pas le dire du Très-haut : *Un jour viendra que nous scellerons leurs bouches, et leurs mains nous parleront, et leurs pieds rendront témoignage de ce qu'ils auront acquis ?* Ote tes habits et descends de dessus ta mule, et laisse là ton discours superflu, car je suis pressé. Le Cadi lui dit : au nom de Dieu, ne me fais pas de mal, car c'est Satan qui fait du mal aux Musulmans. Le voleur répondit : si je suis Satan, toi tu es un infidèle.... Le Cadi lui demandant quelle preuve il avait à donner de son infidélité, il répondit; Dieu a dit : *ne vois-tu pas que nous avons envoyé les démons contre les infidèles pour les tourmenter ?* Le Cadi lui dit alors : comment, ne rougis-tu pas devant moi, qui suis Cadi des Musulmans ? Et toi, reprit le voleur, comment, ne rougis-tu pas devant moi, qui suis voleur des Musulmans ? Malheur à toi ! s'écria le Cadi ; n'as-tu jamais entendu citer ce dire du prophète : *La honte est un effet de la foi ?* Oh ! dit le voleur, que tu es admirable, Cadi, également dépourvu de science et de jugement ; ne sais-tu pas *que la honte nuit aux moyens d'existence ?* Et toi, savant, tu ne rougis pas devant un savant comme toi ? le prophète a dit : *Les savans sont les héritiers des prophètes, et les gens de l'alcoran sont les gens de Dieu.* Or moi, je suis du nombre des gens de Dieu, car j'ai lu l'alcoran dans les sept variantes et dans les sept éditions. Dis-moi, lui demanda le Cadi, quelles sont les sept éditions. Je veux bien te le dire, répondit le voleur, mais je ne t'en prendrai pas moins tes habits et ta mule. Or ces sept éditions sont celles de Hafi, d'Ibn Ketsyr, d'Abou Omar Ben-Élâla, d'Abou Aamir-Esschafi, de Hamrah et d'Elkésay. Le Cadi demeura stupéfait, en voyant que ce voleur avait plus de savoir que qui que ce fût de ce temps-là; et il dit: comment! tu connais tout cela et tu ne connais pas la crainte de Dieu? Tu veux être injuste envers moi, et me prendre, sans aucun droit, mes habits et ma mule? Cependant Dieu a dit: *La malédiction de Dieu est sur les êtres injustes; prends garde d'être du nombre des maudits.* Le voleur lui répondit: Dieu a dit vrai; mais dis-moi quel est celui de nous deux qui est injuste, est-ce toi ou moi? C'est assurément toi, répliqua le Cadi, et il ajouta: *Crains Dieu, et abjure tout sentiment de cupidité;* car Dieu a dit: *O hommes, craignez votre Seigneur!* Il a dit encore: *Craignez Dieu, et sachez que Dieu est avec ceux qui le craignent.* Dieu a dit vrai, reprit le voleur; mais il a dit dans un autre verset: *O hommes qui vous livrez à des désordres, ne désespérez point de la miséricorde de Dieu!* car Dieu pardonne tous les péchés, parce qu'il est compatissant et miséricordieux; et moi je ne te laisserai point aller sans avoir pris ta mule et tes habits, et ensuite je me repentirai, et Dieu agréera mon repentir. Est-ce que tu ne connais pas ce dire du Très-haut : *C'est lui qui accueille le repentir de ses serviteurs, et qui leur pardonne leurs péchés.* Le prophète a dit aussi : *Celui qui se repent de ses péchés est comme celui qui n'a jamais péché.* Mais voici le jour qui approche, ainsi quitte tes habits, descends de dessus ta mule, et abrège ton verbiage; sinon, je te tue. Mais toi, répliqua le Cadi, n'as-tu donc jamais lu le commandement de Dieu : *Celui qui de dessin prémédité tue un vrai croyant, aura pour récompense le feu de l'enfer, et il y demeurera éternellement. En butte à la colère et à la malédiction de Dieu, il subira un cruel supplice.* Le voleur lui répondit : Dieu a dit vrai; mais dans un autre verset il a dit : *Ceux qui se repentent et se convertissent après avoir été méchans, Dieu leur sera propice; car il est compatissant et miséricordieux.* Il a dit encore : *Ceux qui se convertissent, qui croient et font de bonnes œuvres, Dieu changera leurs mauvaises actions en bonnes actions; car il est compatissant et miséricordieux;* et moi, il n'est pas douteux que je ne te prenne tes habits et ta mule. Mais, reprit le Cadi, ne connais-tu pas ce dire du prophète : *Dieu a défendu d'attenter aux biens des Musulmans, de même qu'il a défendu de verser leur sang.* Le prophète a dit encore : *Il n'est permis de toucher à la fortune d'un Musulman, que de son consentement.* Mais, répliqua le voleur, nous sommes frères; or t'est-il permis d'entasser richesses sur richesses, et d'avoir autant d'habits, tandis que moi, pauvre, nu et toujours harassé, je meurs de faim? Allons, trêve de discours, ôte tes habits et descends de dessus ta mule. Le Cadi lui dit: Dieu ne change point l'état des gens, à moins qu'ils ne changent eux-mêmes de dispositions. C'est vrai, dit le voleur; mais c'est toi qui as changé ton état, lorsqu'au lieu de demeurer couché sur ton lit, tu es sorti seul au milieu de la nuit. En conséquence Dieu t'a fait tomber dans mes filets. Dépouille-toi de tes habits, descends de dessus ta mule, et pour couper court à tous ces vains discours, ne m'accuse point, mais accuse-toi toi-même. Crains Dieu, lui répondit le Cadi; n'as-tu donc jamais lu que la puissance du Seigneur est terrible? Fort bien, reprit le voleur; mais crains-tu Dieu, toi qui dévores la fortune des orphelins? ne connais-tu donc point ce dire de Dieu: *Que ceux qui dévorent injustement le bien des orphelins auront leurs entrailles dévorées par le feu, et seront condamnés au feu de l'enfer?* Et toi, seigneur Cadi, tu t'es injustement approprié le bien des orphelins; c'est pourquoi Dieu t'a fait tomber dans mes filets. Je ne te tuerai point, mais je te prendrai ta mule et tes habits, sans t'en rien laisser.

Le Cadi lui dit alors : pourquoi n'as-tu pas pitié de moi? le prophète n'a-t-il pas dit: *Soyez compatissans, et on le sera envers vous?* Et Dieu n'a-t-il pas inspiré à David de dire: *Ayez pitié de ceux qui sont sur la terre, et celui qui est dans le ciel aura pitié de vous?* Dieu et le prophète, répliqua le voleur, ont sans doute dit vrai; pourtant je n'aurai point pitié de toi; quant à moi, il n'y aura que Dieu qui aie pitié de moi. Seigneur Cadi j'ai besoin de tes habits et de ta mule, et toi, tu es riche. Eh! s'écria le Cadi, quel rapport y a-t-il entre toi et moi, entre moi et toi? Je suis un Cadi, et tu es un voleur, uniquement connu par ses brigandages. Ignores-tu ce dire du Très-haut: *C'est dans le ciel qu'est votre nourriture et tout ce qui vous a été promis.* Dieu a dit vrai, reprit le voleur, mais n'as-tu pas de connaissance de cet autre verset: *Nous avons partagé entre eux les moyens d'existence en ce monde, et nous avons élevé les uns au-dessus des autres;* or moi, seigneur Cadi, Dieu ne m'a donné en partage que le vol. Ainsi ôte tes habits, descends de dessus ta mule, et ne prolonge pas davantage tous ces vains discours. Laisse-moi, répondit le Cadi, sinon tu te voues à l'opprobre et à l'ignominie; en vérité tu cours à ta perte, et c'est assurément un effet de ton peu de respect pour Dieu et pour moi. Comment! je suis Cadi des Musulmans, et tu veux me dépouiller injustement de ma mule et de mes habits? Certes, reprit le voleur, je n'ai jamais rien vu d'aussi niais que toi; depuis que je suis voleur je n'ai jamais vu personne se revêtir d'aussi beaux habits et sortir seul à cette heure. C'est un effet de ton peu de bon sens et de ton ignorance des choses. Mais quitte tes vêtemens, descends de dessus ta mule, et retire-toi sain et sauf. Ne sais-tu point que le prophète a dit: *Quiconque explique l'alcoran sans en avoir l'intelligence, aura pour demeure le feu de l'enfer.* Or sache que le vol est une manière d'exister, et sache encore que si j'y renonçais, je serais encore plus sot que toi. Car le prophète a dit: *Celui qui ne tire pas parti de son savoir-faire, ne recueille que préjudice de ce qu'il ne sait pas.* Il a dit aussi: *Le sommeil du savant est une œuvre pie.* Il a dit encore: *Le sommeil du savant vaut mieux que les œuvres pies de l'ignorant;* et certes, seigneur Cadi, si tu étais resté couché dans ton lit après avoir fait ta prière dans une mosquée ou dans ta maison, cela eût mieux valu pour toi. Mais ôte tes habits et descends de dessus ta mule, car le temps s'avance. Le Cadi, ne sachant que répondre, se borna à dire: *assurément le vol n'a rien de bon en soi;* ce qui fit rire le voleur, qui s'écria: Eh! quoi, seigneur Cadi, tu te donnes pour Cadi, et tu es ignorant au point de n'avoir idée de rien? Si tu avais dit que *le vol n'a pas la bénédiction de de Dieu*, tu aurais dit la vérité. Mais, seigneur Cadi, comment ne volerais-je pas, moi qui ai besoin tous les ans de trente-six coudées d'étoffe? Si j'avais de quoi les acheter, je ne les volerais jamais. *Dieu*, reprit le Cadi, *ne fait pas prospérer les œuvres des malfaiteurs.* Mais c'est toi, répliqua le voleur, qui es un malfaiteur, et un grand malfaiteur; toi, qui voyages au milieu de la nuit, et te fais ainsi mal à toi-même; c'est pourquoi Dieu t'a fait tomber dans mes filets, et tu me citerais mille hadytes et mille versets de l'alcoran, du Pentateuque, de l'Évangile et des psaumes, je ne t'en dépouillerais pas moins de tes habits et de ta mule.

Le Cadi jugeant à cet acharnement que rien n'empêcherait le voleur de lui prendre ses habits et sa mule: eh bien! soit, lui dit-il, puisque Dieu le veut; mais viens avec moi. Où veux-tu me conduire, demanda le voleur? Je veux, répondit le Cadi, te conduire à la porte de mon jardin, et là je te remettrai mes habits et ma mule. Seigneur Cadi, répliqua le voleur, ne parle pas de cela davantage; tu veux sûrement te jouer de moi, en me conduisant à la porte de ton jardin, et lorsque nous y serons, tu appelleras tes esclaves et tes valets, qui se saisiront de moi et me garderont jusqu'au matin. Alors, placé sur l'estrade de ta salle d'audience, tu te lèveras, et tu prononceras mon arrêt, conformément à ce commandement de Dieu : *Quant au voleur et à la voleuse, qu'on leur coupe les mains à l'un et à l'autre.* Mais moi, seigneur Cadi, j'ai lu l'alcoran, et j'ai siégé avec les Oulémas. N'as-tu jamais entendu ce dire du Très-haut : *Ne courez pas vous-même à votre perte ?* Je prends avec toi, dit le Cadi, l'engagement positif, et je te jure par le serment le plus formel et le plus inviolable. Mon père, interrompit le voleur, m'a dit d'après mon grand-père, qui disait d'après Horaïrah, le prophète a dit : *Celui qui attire ma malédiction et celle de Dieu, je n'en répondrai pas au jour de la résurrection.* Or moi, seigneur Cadi, je ne veux pas être du nombre de ceux qui seront maudits. Je te jure, reprit le Cadi, et que mon serment ne soit susceptible d'aucune expiation, si je viens à le violer ; je te jure que je ne te trompe point. Mon père, répliqua le voleur, m'a dit encore d'après mon grand-père, qui disait d'après Aly Ben Abou-Thaleb, qui disait d'après le prophète, qu'il n'y a pas lieu à expiation, parce que l'on a manqué à un serment arraché par la contrainte. Dépouille-toi donc de tes vêtemens, et descends de dessus ta mule. Le Cadi, ne sachant que répondre, ôta ses habits, descendit de dessus sa mule, et livra le tout au voleur, ne gardant sur lui que sa chemise. En as-tu une autre chez toi, lui demanda le voleur ? Et sur sa réponse affirmative, il continua : mon père a dit d'après mon grand-père, qui disait d'après Abou Horaïrah, le prophète a dit : *La prière de l'homme nu est bonne.* Eh quoi ! s'écria le Cadi, je me déshabillerai entièrement, et je prierai tout nu ? Voilà encore, dit le voleur, une preuve de ton ignorance. Que dis-tu d'un homme qui tombe à la mer et en sort nu ? sa prière est-elle bonne ou non ? Elle est bonne, répondit le Cadi. Eh bien ! répliqua le voleur, tu es précisément dans le même cas. Alors le Cadi ôta sa chemise et la remit au voleur, qui, remarquant ensuite qu'il avait à la main un anneau de la valeur de cinq mitscals, lui dit : Seigneur Cadi, donne-moi cet anneau, afin que je me souvienne de toi avec reconnaissance, conformément à ce dire de Dieu : *Les œuvres avec leurs conséquences.* C'est, répondit le Cadi, l'anneau de la prière. Voilà qui est faux, répliqua le voleur ; et comment un Cadi ose-t-il mentir ? car c'est à la main droite que tu as cet anneau, et pour qu'il fût celui de la prière, il faudrait qu'il fût à la main gauche. Le Cadi ne sut que répondre ; mais après un moment de réflexion il dit : sais-tu jouer aux échecs ? Oui, répondit le voleur. Eh bien ! reprit le Cadi, intéressons le jeu. Si tu gagnes, l'anneau est à toi ; mais je le garde si tu perds. Je le veux bien, dit le voleur ; et ils se mirent à jouer. Le voleur ayant gagné, le Cadi lui dit, en ôtant l'anneau de son doigt: c'est toi, voleur, qui es le jurisconsulte, et moi je ne suis que le savant; c'est toi qui es le lecteur (de l'alcoran), et moi je ne suis que l'interlocuteur; enfin, c'est toi qui es le joueur; et il lui jeta l'anneau en disant: *qu'il ne ne te porte pas la bénédiction de Dieu!* Le voleur le prit et dit: *que Dieu n'en aie pas de ta part le sacrifice pour agréable!* Le Cadi retourna donc à sa maison, nu et chagrin; et rentré chez lui, il s'endormit jusqu'au lendemain matin. En s'éveillant il demanda à sa femme des habits, qu'elle lui apporta. Il fit ensuite sa prière, et lorsqu'elle fut finie, il alla s'asseoir dans la salle d'audience sans cesser d'être triste. Sa femme lui ayant demandé pourquoi il avait ainsi l'air abattu, il lui raconta sa mésaventure depuis le commencement jusqu'à la fin; et il ajouta: si ce voleur disputait avec Malek, avec Hanyfah ou Schafey, ou avec l'iman Ahmed, fils de Hanbal, certes il les forcerait par ses argumens et ses citations à lui donner leurs habits. Or, pendant qu'ils causaient ainsi, voici que l'on frappe à la porte, et le Cadi s'écria: femme, vois qui c'est! C'est, dit-elle, un homme monté sur une mule, et ayant avec lui des habits. Ferme la porte, lui cria le Cadi, afin que ce voleur n'entre pas ici. Mais il n'avait pas achevé, que déjà le voleur était entré, et s'était, sans saluer personne, assis à la place d'honneur.

Pourquoi donc, dit le Cadi, ne salues-tu point? Ignores-tu que pour un vrai croyant, saluer c'est *croire?* Le salut, répondit le voleur, est un effet de la crainte ou de l'ambition; or moi je n'ai ni l'une ni l'autre. Pourquoi viens-tu, lui demanda le Cadi, et quel est ici ton dessein? Ce qui m'amène, répondit le voleur, c'est, seigneur Cadi, un objet que tu as oublié. Et qu'est-ce que c'est, reprit le Cadi? Lorsque je t'eus quitté, dit le voleur, et après être rentré chez moi, j'ai pris de la lumière, et me mettant à feuilleter mes livres, j'ai trouvé, seigneur, qu'un Cadi est un esclave. Abstiens-toi de parler ainsi, s'écria le Cadi, et dis-moi ce que tu veux. Seigneur, répondit le voleur, sache donc qu'après t'avoir quitté hier soir, j'ai acheté une maison au prix de cinquante dynars. Ton anneau en contenait cinq, et je viens te prier de me donner le surplus. Si tu me le donnes, je m'engagerai par écrit à ne plus rien demander, à ne plus rien prétendre sur toi. Eh bien! soit, dit le Cadi, j'y consens; et il lui donna l'argent qu'il demandait.

Le voleur lui dit aussitôt adieu, et s'en fut. La femme du Cadi vint alors et lui dit : il ne suffit donc pas à ce brigand d'en avoir agi avec toi comme il a fait hier, et faut-il qu'il vienne encore aujourd'hui? Tais-toi, répliqua le Cadi, tais-toi, de peur qu'il ne t'entende et ne rentre; en prétendant que tu es sa femme, et en le prouvant par des démonstrations et des argumens fondés sur les hadythes et sur l'alcoran.

Voilà ce que nous avons recueilli de l'histoire du Cadi et du voleur.

Gloire à Dieu, maître des mondes!

CHAPITRE VIII.

Pensées de morale.

Voici pourtant de belles et grandes idées de morale que Victor Ogier recueillit sur son chemin:

DIEU.

Un Arabe du désert, interrogé comment il avait découvert l'existence d'un Dieu: « de la manière, « répondit-il, que je connais par les traces impri- « mées sur le sable s'il y a passé un homme ou « un chameau. Le ciel orné de la splendeur de « ses astres, la terre déployant la vaste étendue « de ses campagnes, la mer agitant ses flots mu- « gissans, ne nous font-ils pas assez connaître la « grandeur et la puissance de leur auteur? L'au- « rore a-t-elle besoin de flambeau pour être aper- « çue? »

Servir Dieu par intérêt, c'est un service de marchand; le servir par crainte, c'est un service d'esclave; le servir par amour et par reconnaissance, c'est un service d'homme libre.

Je te présente, Seigneur, quatre choses qui ne se trouvent point dans tes trésors : le néant, l'indigence, le péché et le regret.

Chaque feuille d'un arbre vert est aux yeux du sage un feuillet du livre qui enseigne la connaissance du Créateur.

LES ROIS.

Le plus méchant de tous les princes est celui que craignent les gens de bien, et de qui les méchans espèrent beaucoup.

LA SCIENCE.

Ne parlez jamais de ce que vous ignorez, et doutez de ce que vous savez.

Recherche la science depuis le berceau jusqu'au tombeau.

Un Arabe interrogé comment il avait appris tant de choses, répondit : « c'est en imitant le « sable du désert, qui recueille toutes les gouttes « de pluie sans en perdre une seule. »

La science est le diadème de l'enfance, et l'intelligence est un collier d'or.

LES RICHESSES.

Les richesses consistent à avoir la suffisance et non l'abondance.

Le sel des richesses est l'aumône : si vous ne salez vos richesses, vous ne pourrez les conserver long-temps.

LA FORTUNE.

La fortune est une échelle; autant vous montez d'échelons, autant il vous en faudra descendre.

Ne vante point trop ton bonheur, tandis que tu es encore dans le lit suspendu et agité de la vie.

Souviens-toi seulement de la grandeur des Barmecides.

LA VIE.

La vie est le chemin de la mort.

L'arrivée du printemps et le retour de l'hiver plient tour à tour les feuillets du livre de notre vie.

LA BEAUTÉ.

La beauté sans pudeur est une viande sans sel.

Quelque haut qu'une beauté porte la tête, elle touche des pieds à la terre.

LA BIENFAISANCE.

La bienfaisance est le sommaire de toutes les vertus.

Ressemblez à ces arbres chargés de fruits, plantés sur le bord des chemins; ils donnent de l'ombre et des fruits à tout le monde, à ceux même qui en abattent à coups de pierre.

LA PATIENCE.

La patience est la porte de la joie, la précipitation conduit au repentir.

La patience est amère, mais son fruit est doux.

Tu es homme, et tu n'as pas de patience !

L'ESPÉRANCE.

Qui est traîné dans le char de l'espérance, a la pauvreté pour compagne.

L'homme est de courte vie et de longue espérance.

L'espérance ne s'en va que pour laisser entrer la mort.

L'espérance est le pain des malheureux.

LE SILENCE.

Le silence est un arbre qui a pour racine le contentement, et pour fruit le repos.

Deux causes produisent la perte des humains : l'abondance des richesses et celle des paroles.

Ton secret est ton esclave, si tu l'enchaînes avec le silence ; tu es le sien si tu le laisses échapper.

L'HOMME.

L'homme n'est homme que par les plus petites parties de son corps, par son cœur et par sa langue.

Le meilleur des hommes est celui qui fait du bien à ses semblables.

Le corps de l'homme est un fourreau, dans

lequel l'ame est enfermée comme une épée; c'est la lame qu'il faut estimer, et non le fourreau.

La science de l'homme paraît dans ses discours, son intelligence dans son travail.

Il y a cinq personnes que l'on ne peut connaître que dans cinq circonstances différentes: l'homme brave dans le combat, les grands dans la colère, le négociant dans ses comptes, l'homme vertueux dans la misère, et l'ami dans l'adversité.

Le jeune homme bien élevé est comme l'or fin, qui a cours en tous pays; l'enfant gâté est une monnaie de cuir, que l'on ne reçoit point chez l'étranger.

LA COMPASSION.

Si tu me demandes quel mal tu fais à la fourmi en posant le pied sur elle? Je te demanderai quel mal te fait l'éléphant en marchant sur toi?

Si tu as peur de celui qui commande, épargne celui qui obéit.

O toi! qui jouis d'un doux sommeil, pense à ceux que la douleur empêche de dormir!

O toi! qui marches lestement, prends pitié de ton compagnon qui ne peut te suivre!

Ainsi, marchant tantôt dans les vallées, tantôt sur les hauteurs, passant du Liban couronné de son diadème de cèdres dans le désert nu et stérile d'Héliopolis, Victor

Ogier arriva sur les derniers degrés des montagnes noires de l'Anti-Liban devant un groupe immense de ruines jaunes dorées par le soleil couchant, qui se détachaient de l'ombre des montagnes et répercutaient les rayons du soir. Les guides, montrant du doigt ces ruines, s'écrièrent : Balbeck! Balbeck!

« C'était en effet la merveille du désert[1], la fabuleuse Balbeck qui sortait tout éclatante de son sépulcre inconnu pour nous raconter des âges dont l'histoire a perdu la mémoire. Les voyageurs avancent lentement aux pas de leurs chevaux fatigués, les yeux attachés sur les murs gigantesques, sur les colonnes éblouissantes et colossales qui semblaient s'étendre, grandir, s'alonger à mesure qu'ils approchaient. Un profond silence régnait dans toute la caravane; chacun aurait craint de perdre une impression de cette scène en communiquant celle qu'il venait d'avoir ; les Arabes eux-mêmes se taisaient et semblaient recevoir aussi une

---

[1] Toute cette admirable description de Balbeck est empruntée à un passage de notre grand poète M. de Lamartine, dans son voyage en Orient.

forte et grave pensée de ce spectacle qui nivelle toutes les pensées. Enfin ils touchaient aux premiers blocs de marbre, aux premiers tronçons de colonnes, que les tremblemens de terre ont secoués jusqu'à plus d'un mille des monumens mêmes, comme les feuilles sèches jetées et roulées loin de l'arbre après l'ouragan. Les profondes et larges carrières, qui déchirent comme des gorges de vallées les flancs noirs de l'Anti-Liban, ouvraient déjà leurs abîmes sous les pas des chevaux; ces vastes bassins de pierre dont les parois gardent encore les traces profondes du ciseau qui les a creusés pour en tirer d'autres collines de pierre, montraient encore quelques blocs gigantesques à demi détachés de leur base, et d'autres entièrement taillés sur leurs quatre faces, et qui semblent n'attendre que les chars ou les bras de générations de géans pour les mouvoir. Un seul de ces moellons de Balbeck avait soixante-deux pieds de long sur vingt-quatre pieds de largeur et seize pieds d'épaisseur. Un des Arabes, descendant de cheval, se laissa glisser dans la carrière, et grimpant sur cette pierre, en s'accrochant aux entaillures du ciseau et aux mousses qui y ont pris racine, il monta sur ce piédestal et courut çà et là sur cette plate-forme en poussant des cris sauvages; mais le piédestal écrasait par sa masse l'homme de nos jours; l'homme disparaissait devant son œuvre : il faudrait la force réunie de soixante mille homme de notre temps pour soulever seulement cette pierre; les plates-formes des temples de Balbeck en montrent de plus colossales encore, élevées à vingt-cinq ou trente pieds du sol, pour porter des colonnades proportionnées à ces bases!

« De Balbeck la caravane suivit sa route entre le désert à gauche et les ondulations de l'Anti-Liban à droite, en longeant quelques petits champs cultivés par les Arabes pasteurs et le lit d'un large torrent qui serpente entre les ruines et aux bords duquel s'élèvent quelques beaux noyers. L'acropolis, ou la colline artificielle qui porte tous les grands monumens d'Héliopolis, apparaissait çà et là entre les rameaux et au-dessus de la tête des grands arbres; enfin elle se montra tout entière, et toute la caravane s'arrêta, comme par un instinct électrique. Aucune plume, aucun pinceau ne pourrait décrire l'impression que ce seul regard donne à l'œil et à l'ame. Dans le lit du torrent, au milieu des champs, autour de tous les troncs d'arbres, des blocs immenses de granit rouge ou gris, de porphyre sanguin, de marbre blanc, de pierre jaune aussi éclatante que le marbre de Paros, tronçons de colonnes, chapiteaux ciselés, architraves, volutes, corniches, entablemens, piédestaux, membres épars, et qui semblent palpitans, des statues tombées la face contre terre; tout cela épars, confus, groupé en monceaux, disséminé en mille fragmens et ruisselant de toutes parts, comme les laves d'un volcan qui vomiraient les débris d'un grand empire! A peine un sentier pour se glisser à travers ces balayures des arts qui couvrent toute la terre, et le fer des chevaux glissant et se brisant à chaque pas sur l'acanthe polie des corniches, ou sur le sein de neige d'un torse de femme, l'eau seule de la rivière de Balbeck se faisant jour parmi ces lits de fragmens, et lavant de son écume murmurante les brisures de ces marbres qui font obstacle à son cours!

« Au-delà de ces écumes de débris, qui forment de véritables dunes de marbre, la colline de Balbeck, plate-forme de mille pas de long, de sept cents pieds de large, toute bâtie de mains d'hommes, en pierres de taille, dont quelques-unes ont cinquante ou soixante pieds de longueur sur vingt à vingt-deux d'élévation, mais la plupart de quinze à trente; cette colline de granit taillé se présentait aux voyageurs, par son extrémité orientale, avec ses bases profondes et ses revêtemens incommensurables, où trois morceaux de granit forment cent quatre-vingts pieds de développement et près de quatre mille pieds de surface, avec les larges embouchures de ses voûtes souterraines, où l'eau de la rivière s'engouffrait en bondissant, où le vent jetait avec l'eau des murmures semblables aux volées lointaines des grandes cloches de nos cathédrales. Sur cette immense plate-forme l'extrémité des grands temples se montrait détachée de l'horizon bleu et rosé en couleur d'or. Quelques-uns de ces monumens déserts semblaient intacts et sortis d'hier des mains de l'ouvrier; d'autres ne présentaient plus que des restes encore debout, des colonnes isolées, des pans de murailles inclinés et des frontons démantelés. L'œil se perdait dans les avenues étincelantes des colonnades de ces divers temples, et l'horizon trop élevé empêchait les voyageurs de voir où finissait ce peuple de pierre. Les sept colonnes gigantesques du grand temple, portant encore majestueusement leur riche et colossal entablement, dominaient toute cette scène et se perdaient dans le ciel bleu du désert, comme un autel aérien pour les sacrifices des géans.

« La caravane s'arrêta quelques minutes pour reconnaître seulement ce qu'elle venait visiter à travers tant de périls et tant de distances, et sûre enfin de posséder pour le lendemain ce spectacle que les rêves même ne pourraient rendre, elle se remit en marche. Le jour baissait; il fallait trouver un asile, ou sous la tente, ou sous quelque voûte de ces ruines, pour passer la nuit et se reposer d'une marche de quatorze heures. On laissa à gauche la montagne de ruines et une vaste plage toute blanche de débris, et traversant quelques champs de gazon brouté par les chèvres et les chameaux, on se dirigea vers une fumée qui s'élevait à quelques cents pas d'un groupe de ruines entremêlées de masures arabes. Le sol était inégal et montueux et retentissait sous les fers des chevaux, comme si les souterrains qu'ils foulaient allaient s'entr'ouvrir sous leurs pas. Les voyageurs arrivèrent à la porte d'une cabane basse et à demi cachée par des pans de marbre dégradés, et dont la porte et les étroites fenêtres sans vitres et sans volets étaient construites de débris de marbre et de porphyre, mal collés ensemble avec un peu de ciment; une petite ogive de pierre s'élevait d'un ou deux pieds au-dessus de la plate-forme qui servait de toit à cette masure, et une petite cloche, semblable à celle que l'on peint sur la grotte des ermites, y tremblait aux bouffées du vent. C'était le palais épiscopal de l'évêque arabe de Balbek, qui surveille dans ce désert un petit troupeau de douze ou quinze familles chrétiennes de la communion grecque, perdues au milieu de ces déserts et de la tribu féroce des Arabes indépendans de Bekâa. Jusque-là aucun être vivant ne s'était montré, excepté les schakals, qui couraient entre les colonnes du grand temple, et les petites hirondelles au collier de soie rose, qui bordaient comme un ornement d'architecture orientale les corniches de la plate-forme.

« L'évêque, averti par le bruit de la caravane, arriva bientôt, et s'inclinant sur sa porte, offrit l'hospitalité aux voyageurs. C'était un beau vieillard aux cheveux et à la barbe d'argent, à la physionomie grave et douce, à la parole noble, suave et cadencée, tout-à-fait semblable à l'idée du prêtre dans le poème ou dans le roman, et digne en tout de montrer sa figure de paix, de résignation et de charité dans cette scène solennelle de ruines et de méditation. Il fit entrer ses hôtes dans une petite cour intérieure, pavée aussi d'éclats de statues et de morceaux de mosaïque, de vases antiques, et leur livrant sa maison, c'est-à-dire deux petites chambres basses sans meubles et sans portes, il se retira et les laissa, suivant la coutume orientale, maîtres absolus de sa demeure. Pendant que les Arabes plantaient en terre, autour de la maison, les chevilles de fer pour y attacher par des anneaux les jambes des chevaux, et que d'autres allumaient un feu dans la cour pour préparer le pilau et cuire les galettes d'orge, Victor-Ogier sortit pour jeter un second regard sur les monumens qui l'environnaient. Les grands temples étaient devant lui comme des statues sur leur piédestal; le soleil les frappait d'un dernier rayon, qui se retirait lentement d'une colonne à l'autre, comme les lueurs d'une lampe que le prêtre emporte au fond du sanctuaire, et les mille ombres des portiques, des piliers, des colonnades, des autels se répandaient mouvantes sous la vaste forêt de pierre, et remplaçaient peu à peu sur l'Acropolis les éclatantes lueurs du marbre et du travertin. Plus loin, dans la plaine, c'était un océan de ruines qui ne se perdait qu'à l'horizon; on eût dit des vagues de pierres brisées contre un écueil et couvrant une immense plage de leur blancheur et de leur écume. Rien ne s'élevait au-dessus de cette mer de débris, et la nuit qui tombait des hauteurs déjà grises d'une chaîne de montagnes, les ensevelissait successivement dans son ombre. Victor Ogier resta quelques momens assis, silencieux et pensif devant ce spectacle, et il rentra à pas lents dans la petite cour de l'évêque, éclairée par le foyer des Arabes.

« Assis sur quelques fragmens de corniches et de chapiteaux qui servaient de bancs dans la cour, les voyageurs mangèrent rapidement le sobre repas du soir, et ils restèrent quelque temps à s'entretenir, avant le sommeil, de ce qui remplissait leurs pensées. Le foyer s'éteignait, mais la lune se levait pleine et éclatante dans le ciel limpide, et passant à travers les crénelures d'un grand mur de pierres blanches et les dentelures d'une fenêtre en arabesques, qui bornaient la cour du côté du désert, elle éclairait l'enceinte d'une clarté qui rejaillissait sur toutes les pierres. Le silence et la rêverie envahirent toute la caravane. Ce que chacun des voyageurs étendus là pensait à cette heure, à cette place, si loin du monde vivant, dans ce monde mort, en présence de tant de témoins muets d'un passé inconnu, mais qui bouleverse toutes nos petites théories d'histoire et de philosophie de l'humanité; ce qui se remuait dans leurs esprits ou dans leurs cœurs, de leurs systèmes, de leurs idées, hélas! et peut-être aussi de leurs souvenirs et de leurs sentimens individuels, Dieu seul le sait, et personne ne peut essayer de le dire; et pourquoi profaner la solennité de cette heure, de cet astre, de ces pensées même? Tout à coup, comme une plainte douce et amoureuse, un murmure grave et accentué par la passion, sortit des ruines, derrière ce grand mur percé d'ogives arabesques, et dont le toit paraissait écroulé sur lui-même. Ce murmure vague et confus s'enfla, se prolongea, s'éleva plus fort et plus haut, et bientôt se fit entendre un chant nourri de plusieurs voix en chœur, un chant monotone, mélancolique et tendre, qui montait, qui baissait, qui mourait, qui renaissait alternativement, et qui se répondait à lui-même : c'était la prière du soir que l'évêque arabe faisait avec son petit troupeau, dans l'enceinte éboulée de ce qui avait été son église, monceaux de ruines entassées récemment par une tribu d'Arabes idolâtres. Rien n'avait préparé nos voyageurs à cette musique de l'ame, dont chaque note est un sentiment ou un soupir du cœur humain, dans cette solitude, au fond des déserts, sortant ainsi des pierres muettes, accumulées par les tremblemens de terre, par les Barbares et par le temps. Ils furent frappés de saisissement, et ils accompagnèrent des élans de leur pensée, de leur prière et de leur poésie intérieure les accens de cette poésie sainte, jusqu'à ce que les litanies chantées eussent accompli leur refrain monotone, et que le dernier soupir de ces voix pieuses se fût assoupi dans le silence accoutumé de ces vieux débris.

« Voilà ce que sera sans doute la poésie des derniers âges : soupir et prière sur des tombeaux, aspiration plaintive vers un monde qui ne connaîtra ni mort ni ruines ! »

Ce fut à Balbeck que Victor Ogier entendit un chant tout entier d'Antar. L'épisode de cette grande histoire, qui amusa Victor Ogier comme un conte bien fait, et qui l'émut jusqu'aux larmes comme un admirable poème, est consacré tout entier à l'histoire du cheval *Dahis*, qui joue un rôle important dans ce récit.

Le roi Cais. [1]

Le roi Cais, se défiant des mauvais desseins d'Hadifah (un des ennemis d'Antar), avait envoyé de tous côtés des esclaves à la recherche d'Antar. Il arriva que l'un de ces esclaves, de retour auprès du roi, lui dit : « Pour Antar, je n'ai pas même entendu parler de lui; mais comme je passais près de la tribu de Témim, je dormis sous les tentes de celle de Ryah. Là je vis le plus remarquable des poulains pour sa beauté. Il appartient à un homme nommé Jabir, fils d'Awef. Jamais je n'ai vu un poulain si beau ni si rapide à la course. » Ce récit fit une vive impression sur le cœur de Cais.

En effet, ce jeune animal était le miracle de ce temps, et jamais parmi les Arabes on n'en avait élevé de plus beau. Il était d'ailleurs généreux et illustre par sa naissance et par sa race, car son père était Ocab et sa mère Helweh, deux animaux qui passaient chez les Arabes pour être aussi prompts

---

[1] Cette traduction du poème d'Antar est due au modeste et savant M. Delécluse.

que l'éclair. Toutes les tribus les admiraient pour leurs formes, et celle de Ryah était devenue célèbre parmi toutes les autres, à cause de la jument et de l'étalon qu'elle possédait.

Mais pour en revenir au beau poulain, un jour que son père Ocab était ramené aux demeures, conduit par la fille de Jabir (c'était le long d'un lac, et il était midi), il vit la jument Helweh qui se tenait près de la tente de son maître. Il se mit à hennir et se débarrassa de sa longe. La jeune fille, toute interdite, laissa aller le cheval et se hâta, par modestie, de chercher refuge dans l'une des tentes. L'étalon resta là jusqu'à ce que la jeune fille revint. Elle reprit sa longe et le ramena à l'écurie.

Mais le père s'aperçut du trouble que sa fille ne pouvait cacher. Il la questionna et elle dit ce qui s'était passé. A ce récit, le père devint furieux de colère, car il était naturellement violent; il courut aussitôt au milieu des tentes, et levant son turban: « Tribu de Ryah! tribu de Ryah! » cria-t-il de toute sa force; et aussitôt les Arabes coururent autour de lui. « Parens, leur dit-il après avoir raconté ce qui avait eu lieu, je ne laisserai pas le sang de mon cheval dans les flancs d'Helweh; je ne suis nullement disposé à le vendre même au prix des moutons et des chameaux les plus précieux; et si l'on ne me permet pas d'enlever l'embryon du corps d'Helweh, je chargerai quelqu'un de tuer cette jument. — Allons, dirent tous les Arabes, faites comme il vous plaira, car nous ne pouvons nous y opposer. » (Tel était l'usage alors en Arabie.) On amena la jument et on la lia à terre devant le plaignant, qui, après avoir relevé ses manches jusqu'aux épaules, mouilla ses mains dans un vase d'eau, en y mêlant de l'argile, puis se mit à frapper les flancs de la jument dans l'intention de détruire le poulain qu'elle portait dans son flanc. Cela fait, il retourna plus calme chez lui.

Néanmoins, la jument Helweh conçut heureusement et au bout d'un an moins quelques jours, elle mit au monde un poulain parfait. En le voyant, le maître de la jument ressentit une grande joie, et lui donna le nom de Dahis (*qui est frappé*), pour faire allusion à ce que Jabir avait fait.

Le poulain, en grandissant, devint encore plus beau que son père Ocab. Il avait la poitrine large, le cou long, les sabots durs, les narines bien ouvertes; sa queue balayait la terre, et son caractère était doux; enfin, c'était l'animal le plus parfait que l'on eût jamais vu. On l'éleva avec grand soin, et sa taille fut telle qu'il devint comme l'arc d'un palais. Enfin, un jour que la jument Helweh, suivie de son poulain, allait du côté du lac, Jabir, le possesseur d'Ocab, les aperçut par hasard. Il s'empara du jeune cheval et l'emmena, laissant sa mère regretter sa perte. Pour Jabir, il disait: « Ce poulain m'appartient et j'ai sur lui un droit mieux établi que celui de qui que ce soit. »

La nouvelle de cet enlèvement parvint bientôt au maître du jeune cheval. Il convoqua les chefs de sa tribu, leur dit ce qui était arrivé. On alla trouver Jabir, auquel on fit des reproches. « Jabir, lui dit-on, vous avez fait à la jument de votre allié tout ce qu'il vous a convenu de faire; c'est un point que nous vous avons accordé, et maintenant vous voulez vous emparer de ce qui appartient à cet homme, lui faire une injustice. — N'en dites pas plus long, interrompit Jabir, et n'injuriez pas; car, par la foi d'un Arabe, je ne rendrai pas ce poulain à moins que vous ne me le preniez de force; mais alors je vous ferai la guerre. « En ce moment la tribu n'était pas disposée à se laisser aller aux dissensions. Aussi plusieurs dirent-ils à Jabir: « Nous vous aimons trop pour pousser les choses si loin; nous sommes alliés et parens, nous ne combattrons pas pour ce différend, quand même il s'agirait d'une idole d'or. » Alors Kerim, fils de Wahhab (c'était le nom du maître de la jument et du poulain, homme renommé par sa générosité parmi les Arabes), Kérim, voyant l'obstination de Jabir, lui dit: « O mon cousin! pour le poulain, il est à vous, il vous appartient ; quant à la jument que voilà, acceptez-la en présent de ma main, afin que le poulain et sa mère ne soient pas séparés, et ne laissez croire à personne que je puisse être capable de faire tort à mon parent. »

La tribu applaudit hautement à ce procédé, et Jabir fut si humilié de la générosité qui lui était faite, qu'il rendit le poulain et la jument à Kerim, en y joignant encore une paire de chameaux et des chamelles.

Dahis devint bientôt un cheval parfait à tous égards, et lorsque son maître, Kerim, voulait lui faire disputer la course avec un autre, il le montait lui-même et avait coutume de dire à son antagoniste : « Quand vous partiriez devant moi comme un trait de flèche, je vous rattraperais, je vous dépasserais ; » ce qui ne manquait jamais d'arriver.

Dès que le roi Cais eut entendu parler de ce cheval, il devint comme hors de lui-même et le sommeil l'abandonna. Il envoya un des siens à Kerim pour l'engager à lui vendre ce poulain pour autant d'or et d'argent qu'il en désirerait, ajoutant que ces richesses lui seraient envoyées sans délai. Ce message enflamma Kerim de colère. « Cais n'est-il donc qu'un sot et un homme mal élevé? s'écria-t-il. Pense-t-il que je suis un marchand qui vend ses chevaux, et supposerait-il que je suis incapable de les monter moi-même? Oui, j'en jure par la foi d'un Arabe, s'il m'eût demandé Dahis en présent, je le lui aurais envoyé tout aussitôt avec un assortiment de chameaux et de chamelles; mais si c'est par la voie du trafic qu'il compte l'avoir, cela ne sera jamais, dussé-je boire dans la coupe de la mort.»

Le messager retourna vers Cais, et lui rapporta la réponse de Kerim, ce qui fâcha beaucoup le roi. « Suis-je le roi des tribus d'Abs, d'Adnan, de Fazarah et de Dibyan, s'écria-t-il, et un vil Arabe sera-t-il assez hardi pour me contredire? » Il fit avertir aussitôt son monde et ses guerriers. A l'instant les armures, les cottes de mailles, les épées et les casques brillèrent; les héros montèrent leurs coursiers, agitèrent leurs lances et l'on se mit en marche vers la tribu de Ryah. A peine y furent-ils arrivés dès le matin, qu'ils se jetèrent à travers les pâturages, où ils firent un immense butin en troupeaux que Cais abandonna à tous ses alliés. De là ils se portèrent vers les tentes et y surprirent les habitans, qui n'étaient nullement préparés à cette attaque, Kerim étant absent et engagé avec tous ses guerriers dans quelque expédition du même genre. Cais, à la tête des Absiens, pénétra donc dans les habitations où l'on s'empara des épouses et des filles.

Pour le beau cheval Dahis, il était attaché entre les cordes qui maintiennent les tentes, car Kerim ne s'en servait jamais pour combattre, dans la crainte qu'il ne lui arrivât quelque accident, ou qu'il ne fût tué. Un des esclaves resté dans les demeures et qui s'était aperçu des premiers de l'invasion des Absiens, alla vers Dahis avec l'intention de rompre la corde qui lui liait les pieds; mais il ne put jamais y parvenir. Toutefois il monta dessus, le poussa de ses talons, et le cheval, bien que ses pieds fussent liés, se mit à fuir en sautant et en cabriolant comme un faon, jusqu'à ce qu'il eût atteint le désert. Ce fut en vain que les cavaliers Absiens coururent après lui ; ils ne purent même atteindre la trace de poussière qu'il laissait derrière lui.

Aussitôt que Cais eut aperçu Dahis, il le reconnut et le désir de le posséder s'augmenta encore. Il s'avança du côté de celui qui le montait, jusqu'à ce que son regret devînt extrêmement vif, parce qu'il s'aperçut qu'il avait beau le suivre, il ne pourrait jamais l'atteindre. Enfin, lorsque l'esclave se vit à une grande distance des Absiens, il mit pied à terre, délia le pied de Dahis, remonta et partit. Cais, qui le suivait toujours, avait gagné du terrain pendant la halte; lorsqu'il fut assez près de l'esclave pour se faire entendre : « Arrête, ô Arabe, cria-t-il, ne crains rien, je te donne ma protection, par la foi d'un noble Arabe! « A ces paroles, l'esclave s'arrêta. « As-tu l'intention de vendre ce cheval? dit le roi Cais; dans ce cas tu as rencontré le plus curieux des acheteurs de tous les guerriers arabes. — Je ne veux point le vendre, monseigneur, répondit l'Arabe, à moins que son prix ne soit la restitution de tout le butin. — Je vous l'achète, dit aussitôt Cais, « et il tendit la main à l'Arabe pour confirmer le marché. L'esclave consentit, et étant descendu de dessus le jeune cheval, il le livra au roi Cais qui, plein de joie de voir ses souhaits accomplis, sauta dessus et alla retrouver les Absiens, auxquels il ordonna de restituer tout le butin qu'ils avaient fait; ce qui fut exécuté strictement.

Le roi Cais, enchanté du succès de son entreprise et d'être devenu possesseur de Dahis, retourna chez lui. La passion qu'il avait pour ce cheval était telle qu'il le pansait et lui donnait la nourriture de ses propres mains.

Sitôt qu'Hadifah, chef de la tribu de Fazarah, sut que Cais possédait Dahis, la jalousie entra dans son cœur. De concert avec d'autres chefs, il médita la mort de ce beau cheval.......

Il arriva dans ce temps que Hadifah donna une grande fête. Carwash, parent du roi Cais, y assistait. A la fin du repas, et quand le vin circulait abondamment autour de la table, la conversation tomba sur les plus fameux chefs de ce temps. Ce sujet épuisé, les convives commencèrent à parler de ceux de leurs chevaux qui avaient le plus de célébrité, puis des courses qui se font dans le désert. « Parens, dit Carwash, on n'a jamais vu un cheval comme Dahis, celui de mon allié Cais. On chercherait en vain son égal; il effraie par sa rapidité ceux qui le voient courir. Il chasse le chagrin de l'esprit de celui qui le regarde et il protège comme une tour celui qui le monte. »

Carwash ne s'en tint pas là, et il continua à louer le cheval Dahis, en employant des termes si pompeux et si brillans, que tous ceux de la tribu de Fazarah et de la famille de Ziad sentirent leur cœur se gonfler de colère. « L'entendez-vous, mon frère? dit Hamel à Hadifah. Allons, en voilà bien assez, ajouta-t-il en se tournant du côté de Carwash. Tout ce que vous venez de dire là au sujet de Dahis n'a pas le sens commun, car en ce moment il n'y a ni de meilleurs ni de plus beaux chevaux que les miens ou ceux de mon frère. » Après ces mots, il ordonna à ses esclaves de faire passer ses chevaux devant Carwash, ce qui fut fait. « Allons, Carwash, regarde ici ce cheval. — Il ne vaut pas les herbes sèches qu'on lui donne, » dit l'autre; alors on fit passer ceux de Hadifah, parmi lesquels était une jument nommée Ghabra et un étalon appelé Marik. « Eh bien! reprit alors

Hadifah, regarde donc ceux-ci. — Ils ne valent pas les herbes sèches dont on les nourrit, » répéta Carwash. Hadifah, outré de dépit en entendant ces paroles, s'écria : Quoi ! pas même Ghabra ?— Pas même Ghabra, ni tous les chevaux de la terre, répéta Carwash. — Voulez-vous faire un pari pour le roi Dahis ? — Oui, dit Carwash ; que Dahis battra tous les chevaux de la tribu de Fazarah, quand on lui mettrait même un quintal de pierres sur le dos. » Ils se disputèrent long-temps à ce sujet, l'un disant oui, l'autre disant non, jusqu'à ce que Hadifah mit fin à cette altercation en disant : — « Hé bien, soit ; que le vainqueur prenne du vaincu autant de chameaux et de chamelles qu'il lui plaira. — Vous me jouerez un mauvais tour, dit Carwash, et moi je ne veux pas vous tromper. Je ne gagerai pas avec vous plus de vingt chameaux : ce sera le prix que donnera celui dont le cheval sera vaincu ; » et l'affaire fut ainsi réglée. Ils achevèrent la journée à table jusqu'à la nuit, pendant laquelle ils se reposèrent.

Le lendemain, Carwash sortit de ses tentes de bon matin, se rendit à la tribu d'Abs, alla trouver Cais et lui fit part de tout ce qui avait eu lieu à l'occasion du pari. « Vous avez eu tort, dit Cais ; vous auriez pu faire un pari avec qui que ce soit, excepté avec Hadifah, qui est l'homme aux prétextes et aux ruses ; et si vous avez arrêté cette gageure, il faut la rompre. » Cais attendit que quelques personnes qui étaient auprès de lui se fussent retirées, puis il monta aussitôt après à cheval et se rendit à la tribu de Fazarah, où il trouva toute la tribu prenant le repas dans ses tentes. Cais descendit de cheval, se débarrassa de ses armes, s'assit auprès d'eux et se mit à manger comme un généreux Arabe. « Cousin, lui dit Hadifah désirant le plaisanter, quelles grosses bouchées vous prenez! que le Ciel nous préserve d'avoir un appétit semblable au vôtre. — Il est vrai que je meurs de faim, dit Cais; mais par celui qui a toujours duré et qui durera toujours, je ne suis pas venu ici seulement pour manger votre repas. Mon intention est d'annuler la gageure qui a été faite hier entre vous et mon parent Carwash. Je vous prie de rompre cet arrangement, car tout ce qui se fait et se dit au milieu des flacons ne compte pas et doit être oublié. — Sachez, Cais, que je ne renoncerai pas à ce défi, à moins que l'on ne me remette les chameaux et les chamelles. Lorsque cette condition sera remplie, le reste me sera parfaitement indifférent. Cependant, si vous le voulez, je m'en emparerai de force, ou, si cela vous fait plaisir, j'y renoncerai, mais à titre de grâce. « Malgré tout ce que Cais put dire et redire, Hadifah resta inébranlable dans sa proposition, et comme le frère de celui-ci se mit à rire en regardant Cais, Cais devint furieux, et le visage rouge de colère, il demanda à Hadifah : « Qu'avez-vous parié avec mon cousin ? — Vingt chamelles, dit Hadifah. — Pour cette première gageure, continua Cais, je l'annulle, et je vous en proposerai une autre : je parie trente chamelles. — Quarante, reprit Hadifah. — Cinquante, dit Cais. — Soixante, dit Hadifah, » et ils continuèrent ainsi en élevant toujours le nombre des chamelles jusqu'à cent. Le contrat fut passé entre les mains d'un homme nommé Sabic, fils de Wahhab, et en présence d'une foule de vieillards et de jeunes gens rassemblés autour d'eux. « Quel sera l'espace à parcourir ? fit observer Hadifah à Cais. — Cent portées de trait, répondit Cais, et nous avons un archer, Ayas, fils de Mansour, qui mesurera le terrain. » Ayas était en effet le plus vigoureux, le plus habile et le plus célèbre archer qu'il y eût alors parmi les Arabes. Le roi Cais, par le fait, désirait que la course fût longue à cause de la force qu'il connaissait à son cheval, car plus Dahis avait une longue distance à parcourir, plus il gagnait de vivacité dans ses mouvemens par l'accroissement de son ardeur. « Hé bien, déterminez maintenant, dit Cais à Hadifah, quand la course aura lieu. — Quarante jours sont nécessaires, répondit Hadifah, à ce que je pense, pour dresser les chevaux. — C'est bien, dit Cais, » et tous deux convinrent que les chevaux seraient dressés pendant quarante jours, que la course aurait lieu près du lac de Zatalirsad, et que le cheval qui arriverait le premier au but gagnerait. Toutes les conditions étant ainsi réglées, Cais retourna à ses tentes.

Cependant un des cavaliers de la tribu de Fazarah dit à ses voisins : « Parens, soyez assurés que des dissensions s'élèveront entre la tribu d'Abs et celle de Fazarah, à propos de la course du cheval Dahis et de la jument Ghabra. Les deux tribus, soyez-en certains, seront désunies, car le roi Cais a été là en personne : or il est prince et fils de prince. Il a fait tous ses efforts pour annuler le pari, ce à quoi Hadifah n'a pas voulu consentir. Tout cela est une affaire dont il suivra une guerre qui peut durer cinquante ans, et il y en aura plus d'un qui périra dans les combats. » Hadifah, ayant entendu ces prédictions, dit : « Je m'embarrasse fort peu de tout cela et je méprise cet avis. — O Hadifah, s'écria Ayas, je vais vous apprendre quel sera le résultat de tout ceci et de votre obstination envers Cais. » Il lui parla ainsi en vers :

« En toi, ô Hadifah, il n'y a pas de beauté ;
« et dans la pureté de Cais il n'y a point de tache.
« Combien son avis était sincère et honnête !
« mais il a en partage l'à-propos et les convenances.
« Parie avec un homme qui n'ait pas même un

« âne en sa possession, et dont le père n'ait jamais
« acheté un cheval. Laisse-là Cais; il a des ri-
« chesses, des terres, des chevaux, un caractère
« fier, et ce Dahis, enfin, ce noble cheval, qui
« est toujours le premier le jour de la course, soit
« qu'il s'élance ou qu'il soit en repos; ce Dahis,
« animal dont les pieds, même quand la nuit
« répand son obscurité, se font apercevoir comme
« des tisons ardens. »

« Ayas, répliqua Hadifah, penserais-tu que je
ne tiendrai pas ma parole? Je recevrai les chameaux de Cais, et je ne souffrirai pas que mon
nom soit mis au nombre de ceux qui ont été
vaincus. Laisse aller les choses selon leur cours. »

Aussitôt que le roi Cais eut rejoint ses tentes,
il s'empressa d'ordonner à ses esclaves de dresser
les chevaux, mais de donner particulièrement
leurs soins à Dahis, puis il raconta à ses parens
tout ce qui avait eu lieu entre lui et Hadifah.
Antar (le héros du roman) était présent à ce
récit, et comme il prenait un intérêt très-vif à
tout ce qui touchait ce roi, « Cais lui dit-il,
calmez votre cœur, tenez vos yeux bien ouverts,
faites la course et n'ayez aucune crainte. Car, par
la foi d'un Arabe, si Hadifah fait naître quelque
trouble et quelque mésintelligence, je le tuerai,
ainsi que toute la tribu de Fazarah. » La conversation dura sur ce sujet jusqu'à ce que l'on arrivât

près des tentes, dans lesquelles Antar ne voulut pas entrer avant d'avoir vu Dahis. Il tourna plusieurs fois autour de ce bel animal, et il reconnut qu'il rassemblait en lui des qualités faites pour étonner tous ceux qui le voyaient......

Hadifah ne tarda pas à apprendre le retour d'Antar et que ce héros encourageait le roi Cais à faire la course. Haml, le frère d'Hadifah, était aussi au courant de ces nouvelles, et dans le trouble qu'elles lui causaient, « Je crains, dit-il à Hadifah, qu'Antar ne tombe sur moi ou sur quelqu'un de la famille de Beder, qu'il ne nous tue et que nous ne soyons déshonorés. Renoncez à la course, ou nous sommes perdus. Laissez-moi aller vers le roi Cais, et je ne le quitterai pas que je ne l'aie engagé à venir vers vous pour rompre le contrat. — Faites comme il vous plaira, » répondit Hadifah. D'après cela, Haml monta à cheval, et alla à l'instant même chez le roi Cais. Il le trouva avec son oncle Asyed, homme sage et prudent. Haml s'avança vers Cais, lui donna le salut en lui baisant la main, et après lui avoir fait entendre qu'il lui portait un grand intérêt, « O mon parent, dit-il, sachez que mon frère Hadifah est un pauvre sujet dont l'esprit est plein d'intrigues. J'ai passé ces trois derniers jours à lui faire mille représentations pour l'engager à abandonner la gageure. — Oui, c'est bien, m'a-t-il dit enfin ; si Cais revient vers moi, s'il désire d'être débarrassé du contrat, je l'annulerai; mais qu'aucun Arabe ne sache que j'ai abandonné le pari par crainte d'Antar. Maintenant, Cais, vous savez qu'entre parens la plus grande preuve d'attachement que l'on puisse se donner, est de céder. Aussi me suis-je rendu ici pour vous prier de venir avec moi chez mon frère Hadifah, afin de lui demander de renoncer à la course avant qu'il ne s'élève aucun trouble et que la tribu ne soit exterminée de ses terres. » A ce discours de Haml, Cais devint rouge de honte, car il était confiant et généreux. Il se leva aussitôt, et laissant à son oncle Asyed le soin de ses affaires domestiques, il accompagna Haml au pays de Fazarah. Lorsqu'ils furent à moitié chemin, Haml se mit devant Cais auquel il prodigua des louanges tout en blâmant la conduite de son frère, par ces mots:

« O Cais, ne vous laissez pas aller à la colère contre Hadifah, car ce n'est qu'un homme obstiné et injuste dans ses actions. O Cais, si vous persistez dans le maintien de la gageure, de grands malheurs s'ensuivront. Vous et lui vous êtes vifs et emportés tous deux, ce qui me donne de l'inquiétude sur vous, Cais. Mettez de côté, je vous prie, vos intérêts privés, soyez bon et généreux avant que l'oppresseur ne devienne l'opprimé. »

Haml continua d'injurier son frère, en flattant

Cais par son admiration jusque vers le soir où ils arrivèrent à la tribu de Fazarah. Hadifah, qui en ce moment était entouré de plusieurs chefs puissans sur le secours desquels il comptait au besoin, avait changé d'avis depuis le départ de son frère Haml, et au lieu d'entrer en accommodement et de faire la paix avec Cais, il avait au contraire pris la résolution de ne céder en rien et de maintenir rigoureusement toutes les conditions de la course. Il parlait même de cette affaire avec l'un des chefs au moment où Cais et Haml se présentèrent devant lui.

Sitôt qu'Hadifah vit Cais, il résolut de l'accabler de honte. Se tournant donc vers son frère, « Qui t'a ordonné d'aller vers cet homme ? lui demanda-t-il ; par la foi d'un noble Arabe ! quand tous les hommes qui couvrent la surface de la terre viendraient m'importuner et me dire : « O Hadifah abandonne un poil de ces chameaux, » je ne l'abandonnerai pas à moins que la lance n'ait percé ma poitrine et que l'épée n'ait fait sauter ma tête. » Cais devint rouge et remonta aussitôt à cheval en reprochant à Haml sa conduite. Il revint en toute hâte chez lui, où il trouva ses oncles et ses frères, qui l'attendaient avec une anxiété extrême. « O mon fils, lui dit son oncle Asyed sitôt qu'il l'aperçut, tu viens de faire une triste démarche, car elle t'a déshonoré. — Si ce n'eût été quelques chefs qui entourent Hadifah et lui donnent de perfides conseils, j'aurais accommodé toute l'affaire, dit Cais; mais maintenant il ne reste plus qu'à s'occuper du pari et de la course.

Le roi Cais se reposa toute la nuit. Le lendemain, il ne pensa plus qu'à dresser son cheval pendant les quarante jours déterminés. Tous les Arabes du pays s'étaient promis entre eux de venir aux pâturages pour voir la course, et lorsque les quarante jours furent expirés, les cavaliers des deux tribus vinrent en foule près du lac de Zatalirsad. Puis arriva l'archer Ayas qui, tournant le dos au lac, point d'où les chevaux devaient partir, tira, en marchant vers le nord, cent coups de flèches jusqu'à l'endroit qui devint le but. Bientôt arrivèrent les cavaliers du Ghitfan et du Dibyan, car ils étaient du même pays, et à cause de leurs relations d'amitié et de parenté on les comprenait sous le nom de tribu d'Adnan. Le roi Cais avait prié Antar de ne pas se montrer en cette occasion, dans la crainte que sa présence ne donnât lieu à quelque dissension. Antar écouta cet avis, mais ne put rester tranquille dans les tentes. L'intérêt qu'il prenait à Cais et la défiance que lui inspirait la lâcheté des Fazaréens, toujours prêts à user de trahison, l'engagea à se montrer. Ayant donc ceint son épée Dhami[1], et

---

[1] Chez les Arabes, comme en Europe à l'époque retracée par les romans de la table ronde, les guerriers

étant monté sur son fameux cheval Abjer, il se fit accompagner de son frère Shiboub et se rendit à l'endroit désigné pour la course, afin de veiller à la sûreté des fils du roi Zoheir. En arrivant il apparut à toute cette multitude comme un lion couvert d'une armure. Il tenait son épée nue à la main et ses yeux lançaient des flammes comme des charbons ardens. Dès qu'il eut pénétré au milieu de la foule : « Holà ! nobles chefs arabes et hommes fameux rassemblés ici, cria-t-il d'une voix terrible, vous savez tous que je suis celui qui a été soutenu et favorisé par le roi Zoheir, père du roi Caïs ; que je suis l'esclave de sa bonté et de sa munificence ; que c'est lui qui m'a fait reconnaître par mes parens, qui m'a donné un rang et qui enfin m'a fait compter au nombre des chefs arabes. Bien qu'il ne vive plus, je veux lui témoigner ma reconnaissance et faire que les rois de la terre, même après sa mort, lui soient soumis. Il a laissé un fils que ses autres frères ont reconnu et qu'ils ont placé sur le siége de son père, Caïs ; qu'ils ont distingué à cause de sa raison, de sa droiture et de ses sentimens élevés. Je suis l'esclave de Caïs, je lui appartiens. Je serai l'appui de celui qui l'aime, l'ennemi de celui qui lui résiste. Il ne sera jamais dit, tant que je vivrai, que j'aie pu

---

donnaient un nom à leur épée. Ils faisaient de même pour leurs chevaux.

supporter qu'un ennemi lui fît un affront. Quant au contrat et à la gageure, il est de notre devoir d'en aider l'exécution. Ainsi il n'y a rien de mieux à faire que de laisser courir librement les chevaux, car la victoire vient du créateur du jour et de la nuit. Je jure donc par la maison sacrée, par le temple, par le Dieu éternel qui n'oublie jamais ses serviteurs et qui ne dort jamais, que si Hadifah commet quelque acte de violence, je le ferai boire dans la coupe de la vengeance et de la mort, et que je rendrai toute la tribu de Fazarah la fable du monde entier. Et vous, ô chefs arabes, si vous désirez vraiment que la course se fasse, assistez-y avec justice et impartialité; autrement, par les yeux de ma chère Ibla! je ferai marcher les chevaux dans le sang! »—Antar a raison, s'écrièrent de tous côtés les cavaliers.

Hadifah choisit alors, pour monter sa jument Ghabra, un écuyer de la tribu de Dibyan. Cet homme avait passé tous les jours et une partie des nuits de sa vie à élever et à soigner les chevaux. Mais Cais choisit, pour monter son cheval Dahis, un écuyer de la tribu d'Abs, bien plus instruit et bien plus exercé dans son art que le Dibyanien; et quand les deux antagonistes furent montés chacun sur son cheval, le roi Cais donna cette instruction à son écuyer:

« Ne lâche pas trop les rênes à Dahis; si tu

t'aperçois qu'il sue, tiens-toi sur l'étrier et presse-lui doucement les flancs avec tes jambes ; mais si tu le pousses trop, tu lui ôteras tout son courage. »

Hadifah entendit ce que venait de dire Cais, et voulant l'imiter, il répéta :

« Ne lâche pas trop les rênes à Ghabra ; si tu t'aperçois qu'elle sue, tiens-toi sur l'étrier et presse-lui doucement les flancs avec tes jambes. Mais si tu la pousses trop, tu lui ôteras tout son courage. »

Antar se mit à rire. « Par la foi d'un Arabe, dit-il à Hadifah, vous serez vaincu. Eh ! les expressions sont-elles si rares que vous soyez forcé d'employer précisément celles de Cais ? Mais au fait, Cais est un roi et le fils d'un roi ; il doit toujours être imité, et puisque vous l'avez suivi mot à mot dans ce qu'il a dit, c'est la preuve que votre cheval suivra le sien dans le désert. »

A ces mots, Hadifah, le cœur gonflé de colère et d'indignation, jura par serment qu'il ne laisserait pas courir son cheval en ce jour et qu'il voulait que la course n'eût lieu que le lendemain au lever du soleil. Au fait, ce délai lui paraissait indispensable pour préparer la perfidie qu'il méditait, car il n'eut pas plutôt aperçu Dahis, qu'il resta interdit de l'étonnement que lui causèrent la beauté et les perfections de ce noble cheval.

Les juges étaient donc déjà descendus de cheval et

les cavaliers des différentes tribus se préparaient à retourner chez eux, quand Shiboub se mit à crier d'une voix retentissante : « Tribus d'Abs, d'Adnan, de Fazarah et de Dibyan, et vous tous qui êtes ici présens, attendez un instant pour moi, et écoutez des paroles qui seront répétées de génération en génération ! » Tous les guerriers s'arrêtèrent : « Parle, dirent-ils, que veux-tu ? Peut-être y aura-t-il quelque chose de bon dans tes paroles. — O illustres Arabes, dit alors, Shiboub, vous savez ce qui s'est passé à propos du défi entre Dahis et Ghabra ; hé bien, je vous assure sur ma vie que je les vaincrai tous deux à la course, quand bien même ils seraient plus vites que le vent. Mais voici ma condition : si je suis vainqueur, je prendrai les cent chameaux mis en gage ; que si au contraire, je suis vaincu, je n'en donnerai que cinquante. » Sur cela un des scheiks de Fazarah se récria en disant : « Qu'est-ce que tu dis là, vil esclave ? Pourquoi prendrais-tu cent chameaux si tu gagnes et n'en donnerais-tu que cinquante si tu perds ? — Pourquoi ? vieux bouc né sur le fumier ; pourquoi ? dit Shiboub, parce que je ne cours que sur deux jambes et qu'un cheval court sur quatre, sans compter qu'il a une queue. » Tous les Arabes se mirent à rire : cependant, comme ils furent très-étonnés des conditions que Shiboub avait faites et qu'ils étaient extrêmement curieux de le voir courir, ils consentirent à ce qu'il tentât cette chanceuse entreprise.

Mais quand on fut rentré dans les tentes, Antar dit à Shiboub :

« Hé bien, toi, fils d'une mère maudite, comment as-tu osé dire que tu vaincrais ces deux chevaux pour lesquels tous les cavaliers des tribus se sont rassemblés et qui, au dire de tout le monde, n'ont point d'égaux à la course, pas même les oiseaux ? — Par celui qui produit les sources dans les rochers et qui sait tout, répondit Shiboub, je dépasserai les deux chevaux, fussent-ils aussi prompts que les vents. Oui, et il en résultera un grand avantage : car lorsque les Arabes auront entendu parler de cet événement, ils n'auront plus l'idée de me suivre quand je courrai à travers le désert. » Antar sourit, car il se douta du projet de Shiboub. Pour celui-ci, il alla trouver le roi Caïs, ses frères et tous les spectateurs de la course, et devant eux tous jura sur sa vie qu'il dépasserait les deux chevaux. Tous ceux qui étaient présens se portèrent témoins de ce qu'il venait de dire et se séparèrent fort étonnés d'une semblable proposition.

Pour le perfide Hadifah, dès le soir même il fit venir un de ses esclaves, nommé Valek, fanfaron s'il en fût. « O Valek, lui dit-il, tu te vantes souvent de ton adresse, mais jusqu'à présent je n'ai pas eu l'occasion de la mettre à l'épreuve. — Mon seigneur, répondit l'esclave, dites-moi en quoi je pourrais vous être utile. — Je désire, dit Hadifah, que tu ailles te poster au grand défilé. Demeure en cet endroit, et va t'y cacher demain dès le matin. Observe bien les chevaux et vois si Dahis est devant. Dans ce dernier cas, présente-toi subitement à lui, frappe-le à la tête, et fais en sorte qu'il s'arrête, afin que Ghabra passe devant et que nous n'encourions pas la disgrâce d'être vaincus. Car, je l'avoue, dès que j'ai vu Dahis, sa conformation m'a fait naître des doutes sur l'excellence de Ghabra, et j'ai peur que ma jument ne soit vaincue et que nous ne devenions un sujet de dérision parmi les Arabes. — Mais, seigneur, comment distinguerai-je Dahis de Ghabra, quand ils s'avanceront tous deux environnés d'un nuage de poussière ? » Hadifah répondit : » Je vais te donner un signe et t'expliquer l'affaire de manière à ne te laisser aucune difficulté. » En disant ces mots, il ramassa quelques pierres à terre, et ajouta : Prends ces pierres avec toi. Quand tu verras le soleil se lever, tu te mettras à les compter et tu les jetteras à terre quatre à quatre. Tu répéteras cette opération cinq fois, c'est à la dernière que doit arriver Ghabra. Tel est le calcul que j'ai fait : que s'il se présentait à toi un nuage de poussière et qu'il te restât encore quelques pierres dans la main, par exemple, un tiers ou la moitié, ce serait la preuve que Dahis aurait gagné les devans et qu'il serait devant tes yeux. Alors jette-lui une pierre à la tête comme je t'ai dit, arrête-le dans sa course afin que ma jument puisse le dépasser. » L'esclave consentit à tout. S'étant muni de pierres, il alla se cacher au grand défilé, et Hadifah se regarda comme certain de gagner le pari.

Dès l'aube du jour, les Arabes, venus de tous côtés, étaient rassemblés au lieu de la course. Les juges donnèrent le signal pour le départ des chevaux et les deux écuyers poussèrent un grand cri. Les coursiers partirent comme des éclairs qui éblouissent les yeux, et ils ressemblaient au vent lorsqu'à mesure qu'il court il devient plus furieux. Ghabra passa devant Dahis et le laissa derrière. « Te voilà perdu, mon frère de la tribu d'Abs, cria l'écuyer Fazaréen à l'Absien ; ainsi, arrange-toi pour te consoler de ton malheur. — Tu ments, répliqua l'Absien et dans quelques instans tu verras jusqu'à quel point tu fais mal ton compte. Attends seulement que nous ayons dépassé ce terrain inégal. Les jumens vont toujours mieux dans les chemins difficiles qu'en rase campagne. » En effet, quand ils arrivèrent à la plaine, Dahis se lançait comme un géant, laissant un sillon de poussière derrière lui. On eût dit qu'il n'avait plus de jambes, on n'apercevait que son corps et en un clin d'œil il fut devant Ghabra. « Holà ! cria alors l'écuyer Absien au Fazaréen, envoie un courrier de ma part à la famille de Beder, et toi goûte un peu de l'amertume de la patience derrière moi. » Cependant Shiboub, rapide comme le vent du nord, gardait son avance sur le cheval Dahis en sautant comme un faon et courant avec la persévérance d'une autruche mâle, jusqu'à ce qu'il arriva au grand défilé où Valek était caché. Celui-ci n'avait encore jeté qu'un peu moins du quart de ses cailloux, lorsqu'il regardait et vit Dahis qui venait. Il attendit que le cheval passât près de lui, et se présenta inopinément à lui en criant, il lui jeta avec force une pierre dans les yeux. Le cheval se cabra, s'arrêta un instant et l'écuyer fut sur le point d'être démonté. Shiboub fut témoin de tout et ayant regardé l'esclave attentivement, il reconnut qu'il appartenait au lâche Hadifah. Dans l'excès de sa rage, il se jeta en passant sur Valek, le tua d'un coup d'épée, puis il alla à Dahis dans l'intention de lui parler pour le flatter et le remettre en carrière, quand, hélas ! la jument Ghabra s'avança rasant la terre comme le vent. Alors Shiboub, craignant d'être vaincu, pensant aux chameaux qu'il aurait à donner, se mit à courir de toute sa force vers le lac, où il arriva en avance de deux portées de trait. Ghabra vint ensuite, puis enfin Dahis, portant sur son front la marque du coup qu'il avait reçu; ses joues étaient couvertes de sang et de pleurs.

Tous les assistans furent stupéfaits à la vue de l'activité et de la force de Shiboub ; mais sitôt que Ghabra eut atteint le but, les Fazaréens jetèrent tous de grands cris de joie. Dahis fut ramené tout sanglant, et son écuyer apprit à ceux de la tribu d'Abs ce que l'esclave avait fait. Cais regarda la blessure de son cheval et se fit expliquer en détail comment l'accident avait eu lieu. Antar rugissait de colère, portait la main sur son invincible épée Dhami, impatient d'anéantir la tribu de Fazarah. Mais les Scheiks le retinrent, bien qu'avec peine ; après quoi ils allèrent vers Hadifah pour le couvrir de honte et lui reprocher l'infame action qu'il avait faite. Hadifah nia, en faisant de faux sermens, qu'il sût rien touchant le coup qu'avait reçu Dahis, puis ajouta : « Je demande les chameaux qui me sont dus, et je n'admettrai pas la lâche excuse que l'on allègue. »

« Ce coup ne peut être que d'un sinistre augure pour la tribu de Fazarah, dit Cais; Dieu certainement nous rendra triomphans et victorieux et les détruira tous. Car Hadifah n'a désiré faire cette course que dans l'idée de faire naître des troubles et des dissensions; et la commotion que va donner cette guerre peut exciter les tribus les unes contre les autres, en sorte qu'il y aura beaucoup d'hommes tués et d'enfans orphelins. » Les conversations s'animèrent peu à peu, devinrent violentes, des cris confus se firent entendre de tous côtés et enfin les épées nues brillèrent. On était sur le point de faire usage des armes, quand les Scheiks et les sages descendirent de leurs chevaux, découvrirent leurs têtes, pénétrèrent au milieu de la foule, s'humilièrent et parvinrent à arranger cette affaire aussi convenablement qu'il fût possible. Ils décidèrent que Shiboub recevrait les cent chameaux de la tribu de Fazarah, montant du pari, et qu'Hadifah mettrait fin à toute prétention et à toute dispute. Tels furent les efforts qu'ils firent pour éteindre les animosités et les désordres prêts à se déclarer au milieu des tribus. Alors les différentes familles se retirèrent dans leurs demeures, mais leurs cœurs étaient remplis d'une haine profonde. L'un de ceux dont le ressentiment parut le plus violent était Hadifah, surtout lorsqu'il reçut la nouvelle de la mort de son esclave Valek. Pour Cais, il était aussi rempli d'une colère sourde et d'une haine enracinée. Cependant Antar cherchait à le remettre : « O roi, lui disait-il, n'abandonnez pas votre cœur au chagrin ; car, j'en jure par la tombe du roi Zoheir votre père, je ferai tomber la disgrace et l'infamie sur Hadifah, et ce n'est que par égard pour vous que je l'ai ménagé jusqu'à ce moment. » Bientôt chacun alla retrouver ses tentes.

Dès le matin suivant, Shiboub tua vingt des chameaux qu'il avait gagnés la veille et en fit la distribution aux veuves et aux blessés. Il en égorgea vingt autres, avec lesquels il donna des festins à la tribu d'Abs, y compris les esclaves, hommes et femmes. Enfin, le jour d'après il tua le reste des chameaux et donna un grand repas près du lac de Zatalirsad, auquel il invita les fils du roi Zoheir et ses plus nobles chefs. A la fin de cette fête et lorsque le vin circula parmi les assistans, tous louèrent la conduite de Shiboub.

Mais la nouvelle des chameaux égorgés et de toutes ces fêtes fut bientôt sue de la tribu de Fazarah. Tous les insensés de cette tribu s'empressèrent d'aller trouver Hadifah. « Eh quoi! dirent-ils, c'est nous qui avons été les premiers à la course et les esclaves de ces traîtres d'Absiens ont mangé nos chameaux! Envoyez quelqu'un vers Cais, et demandez ce qui vous est dû. S'il envoie les chameaux, c'est bien ; mais s'il les refuse, suscitons une guerre terrible aux Absiens. » Hadifah leva les yeux sur son fils Abou-Firacah : « Monte à cheval sur-le-champ, lui dit-il, et va dire à Cais : Mon père dit que vous devez lui payer à l'instant la gageure, qu'autrement il viendra vous en arracher le prix de vive force et vous précipitera dans l'affliction. » Il y avait alors là présent un chef d'entre les Scheiks qui, entendant l'ordre qu'Hadifah venait de donner à son fils, lui dit: « O Hadifah, n'es-tu pas honteux d'envoyer un tel message à la tribu des Absiens ? Ne sont-ils pas nos parens et nos alliés ? Ce projet s'accorde-t-il avec la raison et le désir d'apaiser les dissensions ? L'homme véritable se reconnaît à la générosité et à la bienfaisance. Je pense qu'il serait à propos que tu renonçasses à ton obstination, qui n'aboutira qu'à nous faire exterminer. Cais a montré de l'impartialité, il n'a fait outrage à personne; ainsi entretiens la paix avec les cavaliers de la tribu d'Abs. Fais attention à ce qui est arrivé à ton esclave Valek: il a frappé Dahis, le cheval du roi Cais, et Dieu l'en a puni sur-le-champ; il est resté baigné dans son sang noir.[1] Je t'ai conseillé de ne prêter l'oreille qu'aux bons conseils : agis noblement, et renonce à toute vile pratique. Maintenant que te voilà prévenu sur ta situation, jette un regard prudent sur tes affaires. » Ce discours rendit Hadifah furieux : « Méprisable Scheik! chien de traître, s'écria-t-il. Eh quoi ! j'aurais peur de Cais et de toute la tribu des Absiens? Par la foi d'un Arabe, que tous les hommes d'honneur sachent que si Cais ne m'en-

---

[1] Le texte arabe porte seulement que cet esclave était très-noir.

voie pas les chameaux, je ne laisserai pas une de ses tentes debout. » Le Scheik fut choqué, et pour jeter encore plus de crainte dans l'ame d'Hadifah, il lui parla ainsi en vers :

« L'outrage est une lâcheté, car il surprend celui
« qui ne s'y attend pas, comme la nuit enveloppe
« ceux qui errent dans le désert. Quand l'épée
« sera une fois tirée, prends garde à ses coups !
« Sois juste et ne te revêts pas de déshonneur.
« Interroge ceux qui connaissent le destin de The-
« moud et de sa tribu, lorsqu'ils commirent des
« actes de rébellion et de tyrannie; on te dira
« comment un ordre du Dieu d'en haut les a
« détruits en une nuit; oui, en une nuit! Et le
« lendemain ils étaient tous gissant sur la terre
« les yeux tournés vers le ciel. »

Hadifah non-seulement montra du mépris pour ces vers et le Scheik qui les avait prononcés, mais encore il ordonna aussitôt à son fils de retourner vers Cais au moment même. Abou-Firacah retourna donc à la tribu d'Abs, et sitôt qu'il fut arrivé, il se rendit à la demeure de Cais, qui était absent. L'envoyé demanda alors sa femme Modelilah, fille de Rebia. « Que voulez-vous de mon mari? lui dit-elle. — Je demande ce qui nous est dû, le prix de la course. — Malheur sur toi et sur ce que tu demandes ! répliqua-t-elle, fils d'Hadifah ! ne crains-tu pas les suites d'une telle perfidie? Si Cais était ici, il t'enverrait à l'instant même dans la tombe ! » Abou-Firacah revint vers son père, auquel il rapporta ce que la femme de Cais lui avait dit. « Eh quoi ! lâche, s'écria Hadifah, tu reviens sans avoir fini cette affaire ! est-ce que tu as eu peur de la fille de Rebia ? Retourne.

Cependant Abou-Firacah ayant fait observer à son père qu'il était presque nuit déjà, le message fut remis au lendemain.

Pour Cais, lorsqu'il rentra chez lui, il apprit de sa femme qu'Abou-Firacah était venu pour lui demander les chameaux. « Par la foi d'un Arabe, dit-il, si j'avais été là, je l'aurais tué. Mais c'est une affaire finie, laissons passer cela ainsi. » Cependant le roi Cais passa la nuit dans le chagrin et la tristesse jusqu'au lever du soleil, heure à laquelle il se rendait à sa tente. Antar vint le voir; Cais se leva, puis, l'ayant fait asseoir auprès de lui, il lui parla d'Hadifah. « Croiriez-vous, lui dit-il, qu'il a eu l'impudence d'envoyer son fils me demander les chameaux? Ah! si j'eusse été présent, j'aurais tué ce messager. » Il finissait à peine de prononcer ces mots, quand Abou-Firacah se présenta à cheval devant lui. Sans descendre, sans faire ni salut ni avertissement, il dit: « Cais, mon père, désire que vous lui envoyiez ce qui lui est dû : en agissant ainsi, votre conduite sera celle d'un homme généreux ; mais dans le cas contraire, mon père s'élèvera contre vous, reprendra son bien par la force et vous plongera dans l'affliction. »

En entendant ces mots, Caïs sentit la lumière se changer en obscurité dans ses yeux : « O toi, fils d'un père sans honneur, cria-t-il, comment, n'es-tu pas plus respectueux en m'adressant la parole? » Il saisit une javeline et la lança dans la poitrine d'Abou-Firacah. Percé de part en part, le jeune messager se laissa aller sur son coursier, d'où Antar le prit et le jeta à terre. Puis, ayant tourné la tête du cheval du côté de Fazarah, il lui donna un coup de houssine dans le flanc. Le cheval prit le chemin de ses pâturages, et rentra enfin dans son étable tout couvert de sang. Aussitôt les bergers le conduisirent aux tentes, criant : Malheur! malheur!

Hadifah devint furieux. Il se frappait la poitrine en répétant : « Tribu de Fazarah! aux armes! aux armes! aux armes! » et tous les insensés de s'approcher de nouveau d'Hadifah et de l'engager à déclarer la guerre aux Absiens et à se venger d'eux. « O mes parens, reprit bientôt Hadifah, qu'aucun de nous ne repose cette nuit que tout armé! » Ce qui eut lieu.

A la pointe du jour Hadifah était à cheval, les guerriers étaient prêts et on ne laissa dans les tentes que les enfans et ceux qui n'étaient point en état de combattre.

De son côté, Cais, après avoir tué Abou-Fira-cah, pensa bien que les Fazaréens viendraient l'attaquer, lui et ses guerriers; il se prépara donc au combat. Ce fut Antar qui se chargea de toutes les précautions à prendre en ce cas. Il ne laissa donc dans les tentes que les femmes, les enfans et tous ceux qui ne pouvaient porter l'épée, puis il se mit à la tête des héros de Garad. Rien n'était plus resplendissant que n'étaient les Absiens couverts de leurs cottes de mailles et de leurs armures luisantes. Ces apprêts furent un terrible moment pour les deux partis. Ils marchaient l'un contre l'autre, et le soleil paraissait à peine que les cimeterres étincelaient et que toute la contrée était en émoi.

Antar était impatient de se jeter en avant et de soulager son cœur en combattant; mais voilà qu'Hadifah, vêtu d'une robe noire, s'avance le cœur brisé de la mort de son fils. « Fils de Zoheir, cria-t-il à Cais, c'est une vilaine action que d'avoir tué un enfant; mais il est bien de se présenter au combat pour décider, par ses lances, qui mérite le commandement de vous ou de moi. » Ces paroles blessèrent Cais. Entraîné par le ressentiment, il s'échappa de dessous ses étendards et se rua sur Hadifah. Ce fut alors que ces deux chefs, animés par une haine mutuelle, combattirent ensemble de dessus leurs nobles coursiers jusqu'à la nuit. Cais était monté sur Dahis et Hadifah sur Ghabra. Dans le cours de ce combat il se passa des faits d'armes qui n'avaient jamais été vus auparavant. Chaque tribu désespérait de son chef, et elles voulaient faire une attaque générale, afin de suspendre leurs efforts et de diminuer la fureur qu'ils mettaient à se combattre. Alors les cris commencèrent à se faire entendre dans les airs. Les cimeterres furent tirés et les lances s'avançaient entre les oreilles des chevaux arabes. Antar s'approcha de quelques chefs Absiens et leur dit : « Attaquons ces lâches. » Ils allaient partir, quand les anciens des deux tribus s'avancèrent au milieu de la plaine, la tête découverte, les pieds nus et *les idoles* [1] suspendus à leurs épaules. Placés entre les deux armées, ils parlèrent ainsi : « Parens et alliés, au nom de l'union qui a régné jusqu'ici entre nous, ne faisons rien qui nous rende la fable de nos esclaves. Ne fournissons pas à nos ennemis et à nos envieux une occasion de nous faire de justes reproches. Oublions tout sujet de dispute et de dissension. Des femmes ne faisons point des veuves, ni des enfans des orphelins. Satisfaites votre ardeur pour les combats en attaquant ceux d'entre les Arabes qui sont vraiment nos ennemis; et vous, parens de Fazarah, montrez-vous plus

---

[1] Le texte arabe porte quelquefois : *leurs enfans en bas âge.*

humbles envers vos frères les Absiens. Surtout n'oubliez pas que l'outrage a souvent causé la perte de maintes tribus qui se sont repenties de leur action impie; qu'il a privé bien des hommes de leurs propriétés, et qu'il en a plongé un grand nombre dans le puits du désespoir et du regret. Attendez donc l'heure fatale de la mort, le jour de la dissolution, car il est là. Alors vous serez déchirés par les aigles menaçans de la destruction et vous serez enfermés dans les réduits ténébreux du tombeau. Faites donc en sorte que quand vos corps seront inanimés, on ne conserve, en pensant à vous, que le souvenir de vos vertus. »
Les Scheiks parlèrent long-temps et jusqu'à ce que la flamme des passions qui s'était allumée dans l'ame des héros fût éteinte. Hadifah se retira du combat et il fut convenu que Cais paierait le prix du sang d'Abou-Firazah avec une grande quantité de troupeaux et une file de chameaux. Les Scheiks ne voulurent pas même quitter le champ de bataille avant que Cais et Hadifah ne se fussent embrassés et n'eussent consenti à tous les arrangemens.

Antar rugissait de fureur : « O roi Cais, que faites-vous là ? s'écria-t-il. Quoi ! nos épées nues brillent dans nos mains, et la tribu de Fazarah exigera de nous le prix du sang de son mort ? Et nos prisonniers, nous ne pourrons les racheter qu'à la pointe de nos lances ! Le sang de notre mort aura été versé, et nous ne le vengerons pas ? » Hadifah était hors de lui en entendant ces paroles. « Et toi, vil bâtard, lui dit Antar en l'apostrophant, toi fils d'une vile mère, est-ce qu'il y a quelque chose qui puisse t'honorer, et nous, nous flétrir ? Si ce n'était la présence de ces nobles Scheiks, je t'anéantirais, toi et ton monde, sur-le-champ. » Alors l'indignation et la colère d'Hadifah furent portées à leur comble. « Par la foi d'un Arabe, dit-il aux Scheiks, je ne veux plus entendre parler de paix, quand même l'ennemi devrait me percer de ses lances. — Ne parlez pas de la sorte, fils de ma mère, dit Haml à son frère. Ne vous élancez pas sur la route de l'imprudence; abandonnez ces tristes résolutions. Restez en paix avec nos alliés les Absiens, car ils sont les étoiles brillantes, le soleil resplendissant qui conduit tous les Arabes qui aiment la gloire. Ce n'est que l'autre jour, lorsque vous les avez outragés en faisant frapper leur cheval Dahis, que vous avez commencé à vous éloigner de la voie de la justice. Quant à votre fils, il a été tué justement; car vous l'avez envoyé demander une chose qui ne vous était pas due. D'après tout cela, il n'y a rien de plus convenable que de faire la paix; car celui qui cherche et qui provoque la guerre est un tyran, un oppresseur. Acceptez donc les compensations qui vous sont offertes, ou vous allez faire naître encore autour de nous une flamme qui nous brûlera des feux de l'enfer. » Haml continua en récitant ces vers :

« Par la vérité de *celui* qui a fortement enraciné
« les montagnes sans fondation, si vous n'acceptez
« pas les compensations des Absiens, vous êtes
« dans l'erreur. Ils reconnaissent Hadifah pour
« un chef; sois donc véritablement un chef et
« contente-toi des troupeaux et des richesses qui
« te sont offertes. Descends de dessus le cheval
« de l'outrage et ne le monte plus, car il te con-
« duirait à la mer des chagrins et de l'affliction.
« Hadifah, renonce en homme généreux à toute
« violence, mais particulièrement à l'idée de com-
« battre les Absiens. Fais d'eux et de leur supé-
« riorité, au contraire, un puissant rempart pour
« nous contre les ennemis qui pourraient nous
« attaquer. Fais d'eux des amis qui nous restent
« fidèles, car ce sont des hommes qui ont les
« plus nobles intentions; ce sont des Absiens enfin,
« et si Caïs a agi avec toi d'une manière injuste,
« c'est toi qui le premier lui as donné cet exemple,
« il y a quelques jours. »

Dès qu'Haml eut achevé de réciter ces vers, les chefs des différentes tribus lui adressèrent des remercimens, et Hadifah ayant consenti à accepter la compensation offerte, tous les Arabes renoncèrent à la violence et à la guerre. Tous ceux qui portaient les armes rentrèrent chez eux. Cais envoya à Hadifah deux cents chamelles, dix esclaves mâles, dix femelles et dix têtes de chevaux. Alors la paix fut rétablie et tout le monde resta tranquille dans le pays.

La mort d'Antar n'est pas un des moins admirables passages de ce poème, qui partage avec les *Mille et une nuits* l'admiration de l'Orient. Voici comment le poète raconte la mort de son héros bien-aimé :

« Après avoir conquis, au milieu de périls inouïs et par de fabuleux exploits, la main d'Abla et le droit de suspendre son poème à la Mecque, Antar porte la guerre dans les tribus du désert, et jusque dans les tribus les plus reculées de l'Arabie. Parmi les guerriers qu'il avait vaincus était Ouezar, guerrier vindicatif et féroce, qui avait souvent employé la perfidie pour le tuer. Deux fois Antar lui avait pardonné; mais indigné d'un troisième attentat contre sa vie, Antar lui avait fait crever les yeux. Ouezar, aveugle et toujours plein de haine, apprend un jour qu'Antar revient d'une expédition lointaine chargé de butin, et qu'il est campé aux bords de l'Euphrate. Aussitôt Ouezar appelle son esclave; il se fait conduire sur les bords du fleuve, vis-à-vis la tente d'Antar; il demande son arc et ses flèches.

« Cependant un orage s'élève; mille bruits confus traversent les airs; le ciel s'obscurcit, le tonnerre gronde. Antar, inquiet malgré lui, sort de sa tente, et il appelle ses guerriers. Alors l'implacable Ouezar lance sa flèche au guerrier guidé par sa voix; la flèche va frapper Antar au milieu du ventre : Antar arrache la flèche et menace de sa vengeance son ennemi aveugle. Ouezar entend ces paroles; bien qu'il soit caché par les roseaux, il s'épouvante à l'idée de la colère d'Antar; il croit que sa flèche n'a pas atteint le but; la peur le tue et son esclave s'enfuit. Bientôt arrive à la nage le frère d'Antar; il fouille dans les roseaux, trouve le cadavre, le charge sur ses épaules, repasse le fleuve, et le jette aux pieds du chef bédouin, qui, reconnaissant Ouezar, ne doute pas que la flèche ne soit empoisonnée, et se prépare à mourir. Alors, voulant veiller jusqu'à son dernier soupir sur la retraite de sa petite armée, il rassemble ses serviteurs consternés, sa famille en pleurs, se couche dans la litière d'Abla, et fait monter à sa place, sur son coursier noir l'Abjar, sa femme elle-même, vêtue de sa cuirasse et tenant haut sa lance. On lève le camp ; la caravane se met en marche, et les guerriers ramènent tristement à la tribu son chef à l'agonie. »

C'est ici que s'ouvre une admirable scène, où la plus sauvage énergie, et en même temps la plus fine simplicité, les richesses de l'imagination la plus élevée, la peinture curieuse et locale des mœurs antiques du désert, une poésie tout-à-fait grande et passionnée se déroulent avec un luxe que les chants du Tasse n'ont jamais surpassé. Remarquez d'ailleurs que sur cette magnifique composition plane toujours une idée morale, une religieuse et providentielle fatalité. Antar est tombé sous les coups d'un homme qui avait mérité la mort, mais la mort sans cruauté ; et le guerrier, en lui laissant la vie, en prolongeant son supplice par de lentes barbaries, dément le caractère généreux de toutes ses actions passées. Le châtiment si dur de cette heure de colère et d'oubli est ménagé avec tant de talent par le poète, qu'on déplore le sort du héros arabe, tout en s'humiliant devant l'arrêt équitable du Ciel. Esclave noir et simple pasteur du désert, Antar s'est élevé, par des prodiges de persévérance et de génie, au rang qu'il tient au milieu des tribus, et il perd tout à coup le fruit de ses longues années de combat pour une légère faiblesse de cœur. Cette disposition morale, habilement ajoutée aux derniers événemens de l'histoire d'Antar, remplit le but philosophique de l'épopée dans une œuvre où les autres conditions de ce genre ont été d'ailleurs rencontrées avec une puissance Homérique. Or voici la mort d'Antar:

A peine[1] ils avaient perdu de vue les bords fortunés de l'Euphrate, à peine ils commençaient à s'enfoncer dans l'immensité des déserts, qu'ils aperçurent au loin des tentes qui paraissaient comme des points obscurs à l'horizon, ou comme une bordure noire de la draperie azurée des cieux. C'était une

---

[1] Traduction de M. de Perceval.

tribu riche et puissante ; les guerriers qui la composaient égalaient en nombre les grains de sable de l'Irak, et en courage les lions des forêts. Aussitôt que leurs yeux vigilans eurent distingué dans le lointain la faible caravane qui s'avançait, trois cents des plus braves s'élancèrent sur leurs chevaux, saisirent leurs lances et volèrent à sa rencontre. Aussi rapides que les gazelles légères, leurs coursiers franchissent l'espace, et bientôt ils sont à la portée de la flèche. Alors ils reconnaissent la litière et le guerrier qui l'accompagne. — « C'est Antar, se disent-ils, les uns aux autres, oui, c'est lui qui voyage avec son épouse ; voilà ses armes, son cheval Abjar, et la magnifique litière d'Abla. Retournons vers nos tentes, et ne nous exposons point à la colère de cet invincible guerrier. »

Déjà ils avaient tourné bride et allaient reprendre leur course vers leur tribu, lorsqu'un d'entre eux les arrêta. C'était un vieux Scheik, dont l'esprit fin et rusé pénétrait les événemens les plus secrets et perçait les voiles du mystère. — « Mes cousins, leur dit-il, c'est bien la lance d'Antar ; c'est bien son casque, sa cuirasse et son coursier, dont la couleur ressemble à la nuit ; mais ce n'est ni sa taille ni sa contenance fière : c'est la taille et le maintien d'une femme timide. Croyez-moi, Antar est mort, ou bien une maladie dangereuse l'empêche de monter à cheval ; et ce guerrier que porte l'Abzar, cet Antar prétendu, c'est Abla qui se sera revêtue des armes de son époux pour nous intimider, tandis que le véritable Antar est peut-être couché mourant dans cette litière. »

Ses compagnons, frappés de ses observations, reviennent sur leurs pas. Aucun d'eux cependant ne se sent l'audace de commencer l'attaque; mais ils se déterminent à suivre de loin la caravane, dans l'espoir de voir naître quelque circonstance qui puisse fixer leur incertitude.

Ils mettent leurs lances en arrêt et pressent les flancs de leurs coursiers pour fondre sur cette troupe, qu'ils jugent trop faible pour leur résister. Antar était étendu dans la litière presque privé de sentiment. Les cris des ennemis, les hennissemens des chevaux, la voix d'Abla qui l'appelle, viennent frapper son oreille et le tirer de cette léthargie. Le danger lui rend des forces; il se soulève, montre la tête et pousse un cri terrible, qui porte l'effroi dans tous les cœurs. A ce cri semblable au tonnerre, le crin des coursiers se hérisse; ils fuient et emportent au loin dans la plaine leurs cavaliers glacés de la même terreur, et qui se disaient entre eux : « Malheur à nous! Antar respire encore. Il a voulu éprouver les habitans du désert et connaître quelle serait la tribu assez hardie pour ambitionner la conquête de son épouse et de ses biens. » — En vain le vieux Scheik, qui leur avait déjà inspiré sa confiance, cherche encore à les rassurer : la plupart sont sourds à sa voix et poursuivent leur course vers leur tribu. Trente seulement consentent à rester avec lui et continuent à observer la caravane.

Malgré ses douleurs, que chaque instant rendait plus cuisantes, Antar avait voulu reprendre ses armes et remonter sur son coursier. Il fait replacer Abla dans la litière et marche à ses côtés. « Sois tranquille, lui disait-il, Antar veille encore sur toi ; mais ce sont ses derniers momens qu'il consacre à ta défense. » — Abla attache sur lui un regard plein de tristesse. — « Antar, lui disent ses compagnons, en voyant son attitude souffrante, n'épuise pas les forces qui te restent, remonte dans la litière. Long-temps tu nous as protégés par ta valeur, c'est à nous aujourd'hui de combattre pour toi. » — Il leur répond : « Je vous remercie, mes cousins ; vous êtes braves, mais vous n'êtes pas Antar. Marchez, j'espère encore vous conduire heureusement jusqu'à notre tribu. »

Au déclin du jour ils arrivèrent dans une vallée peu éloignée des lieux où campaient les Bénou-Abs ; elle se nommait la vallée des Gazelles, et les montagnes qui la formaient ne laissaient d'autre issue, du côté de la terre de Chourbé, qu'une gorge étroite où trois cavaliers pouvaient à peine se présenter de front. Antar fit passer en avant les troupeaux et la chamelle qui portait Abla. Quand il eut vu toute la caravane défiler devant lui, il s'avança lui-même à l'entrée de la gorge. En cet instant ses douleurs augmentent; ses entrailles sont déchirées, et chaque pas de son coursier lui fait éprouver des tourmens pareils aux supplices des enfers. Il arrête l'Abjar, plante sa lance en terre, et, s'appuyant dessus, il demeure immobile.

Les trente guerriers qui suivaient ses traces, en le voyant dans cette position, firent halte à l'autre extrémité de la vallée. « Antar, se disaient-ils les uns aux autres, s'est aperçu que nous observions sa marche; sans doute il nous attend dans ce défilé pour nous exterminer. Profitons de la nuit qui va nous envelopper de ses ombres pour regagner nos tentes et rejoindre nos frères. »

La prudence et les soupçons du vieux Scheik, qui leur adresse un dernier discours, ébranlent leur résolution. Les Bédouins se décident à attendre le jour.

Mais toujours inquiets et alarmés, ils passent la nuit sur leurs chevaux sans se livrer aux douceurs du sommeil; enfin le jour commence à paraître et à dissiper les ombres qui couvraient la vallée. Antar est toujours à l'entrée du défilé dans la même attitude, et son coursier docile est immobile comme lui. A cette vue, les guerriers étonnés se consultent long-temps entre eux; toutes les apparences leur montrent qu'Antar est mort, et cependant aucun d'eux n'ose l'approcher, tant est grande la crainte qu'il inspire. Le vieux Scheik fixe bientôt leur irrésolution; il descend de sa jument, et, la piquant avec la pointe de sa lance, il lui fait prendre sa course vers le fond de la vallée. A peine elle est parvenue au pied des montagnes, que l'ardent Abjar la sentant approcher, s'élance vers elle avec de bruyans hennissemens. Antar tombe comme une tour qui s'écroule, et le bruit de ses armes fait retentir les échos.

Les guerriers qui aperçoivent sa chute, s'empressent de voler vers lui. Ils s'étonnaient de voir étendu sans vie, sur la poussière, celui qui avait fait trembler l'Arabie, et ne pouvaient se lasser d'admirer sa taille gigantesque. Renonçant à l'espoir d'atteindre la caravane, qui avait dû arriver pendant la nuit à la tribu des Benou-Abs, ils se contentèrent de dépouiller Antar de ses armes pour les emporter chez eux comme un trophée. En vain ils voulurent saisir son coursier. Après la mort de son maître, l'Abjar n'aurait plus eu de cavalier digne de lui. Plus rapide que l'éclair il disparaît à leurs yeux et s'enfonce dans les déserts. On dit qu'un de ces hommes, touché du sort d'un héros qu'avaient illustré tant d'exploits, pleura sur son cadavre, le couvrit de terre et lui adressa ces paroles: «Honneur à toi, brave guerrier, qui, pendant ta vie, as été le défenseur de ta tribu, et qui, même après ta mort, as protégé les tiens par la terreur qu'imprimait ton aspect ! Puisse ton ame vivre heureuse à jamais ! puissent les rosées bienfaisantes humecter le lieu où tu reposes ! »

CHAPITRE IX.

D'une rencontre que fit Victor Ogier.

Le voyage de Victor Ogier fut donc, comme c'était son envie, un voyage tout poétique. Avant d'entreprendre cette course, il s'était fié au hasard comme à un guide sûr, et ce guide l'avait conduit par la main dans tous les lieux célèbres de ce vieil Orient : vallées profondes et dévastées, désert chargé de tentes, saintes montagnes, villes détruites, plaines immenses où s'arrêtèrent des hommes, où ne s'arrête plus que la poussière ; palais renversés dont les colonnes sont debout ; sphynx de pierre accroupis dans la poudre et muets depuis trois mille ans ; pyramides qu'on dirait apportées là par les géans, et qui ont fait peur même aux géans, qui ont reculé devant elles ; cadavres égyptiens retirés tout entiers de leurs tombeaux, et dont on faisait des curiosités pour la France; obélisques ensevelis dans le sable, et qui revoient le jour en même temps que les cadavres, et qui sont eux aussi transportés dans nos villes comme autant d'ossemens retrouvés des vieilles cités de l'Égypte; et dans les sables, dans les débris d'empire, dans les plaines célèbres, sur les hautes montagnes, d'où tant de religions sont descendues, se trouvait toujours l'ancien maître de ces contrées, l'Arabe, toujours guerrier et pasteur, amoureux et poète, moitié Arabe et moitié Espagnol, moitié Mahométan et moitié Chrétien, moitié honnête homme et moitié voleur; civilisé et sauvage, patient et irascible, fastueux et vivant de peu, plein de noblesse et d'orgueil, en manteau troué comme un Espagnol, mais aussi noble qu'un Espagnol. Dans ces contrées bouleversées par les siècles, changées tant de fois par la civilisation et par la guerre, l'Arabe seul n'a pas changé; l'Arabe est resté un Arabe de pur sang comme son cheval.

Ainsi Victor Ogier dut aux hasards de la route toutes les révélations de son voyage.

La poésie qui éclatait sur son chemin, arrivait à lui si spontanée et si complète, qu'il en saisissait sur-le-champ l'expression toute vive, mieux que je ne saurais le dire. Voilà comment, sans s'être soumis à une étude qui lui faisait peur, il entra dans tous les secrets de la poésie arabe. Chants du matin, chansons du soir, élégies, pastorales, chants de guerre, récits et contes, philosophie et morale, tout ce qui fait la poésie arabe, Victor Ogier l'entendit répéter à ses oreilles naturellement et par des hommes qui obéissaient bien plus à l'impression du moment qu'à la curiosité du voyageur.

Mais dans toutes ses rencontres, et dans toutes ces ruines, et dans toutes ces poésies, et dans tous ses instans d'admiration la plus passionnée et la plus enthousiaste, voici ce qui étonna le plus Victor Ogier parmi les Arabes. La scène est belle, elle est grande, elle mérite d'être racontée :

Un jour, qu'après une marche pénible, il cherchait une place pour dresser sa tente et prendre le repas du soir; il aperçut contre des ruines, qui brillaient aux derniers rayons du soleil, un camp de Bédouins. Il résolut d'aller demander l'hospitalité à ces hommes, et en effet, il fut le bienvenu : on lui prit la main, on lui dit d'entrer et qu'il y avait pour lui de l'eau et du sel. Il entra parmi les tentes. Figurez-vous sa surprise et son bonheur! au milieu de tous ces Bédouins couchés par terre dans l'attitude du recueillement et dont l'œil noir et vif brillait comme autant d'étoiles dans ces visages brunis par le soleil, un homme jeune encore, tout hâlé, les cheveux noirs, la tête couverte d'un turban, le sabre turc au côté, la pipe à la main, deux ou trois chiens à ses pieds, et derrière lui ses chevaux, le col étendu, qui le regardaient tendrement, un homme était couché comme un véritable Arabe, et à tous les Arabes rassemblés il récitait des vers. Les vers qu'il récitait étaient des vers français ! Cet homme, qui est le plus grand poète lyrique qu'ait eu la France et peut-être le monde, faisait en cet instant un essai tout poétique sur l'oreille de ces Arabes enchantés par les voyelles de leur poésie. L'entreprise était grande et difficile. Les tenir éveillés par la seule puissance du rhythme, ces hommes habitués à tout l'intérêt de leurs poèmes et de leurs contes, tenter sur eux l'effet de notre vers français, tout rempli de consonnes et d'*e* muets, c'était là une entreprise difficile. Et cependant il y avait tant de grâce et d'harmonie dans ces vers; la cadence en était si molle et si sonore, la rime en était si pure, que les Arabes les écoutèrent sans les comprendre, comme souvent on écoute de beaux vers de l'Arioste, sans savoir l'italien, uniquement pour le plaisir d'entendre ces stances retomber l'une sur l'autre. Voici les vers que disait le poète à ses Bédouins :

A une jeune Arabe qui fumait le narguilé[1] *dans un jardin d'Alep.*

Qui? toi? me demander l'encens de poésie?
Toi, fille d'Orient, née aux vents du désert!
Fleur des jardins d'Alep, que Bulbul[2] eût choisie
Pour languir et chanter sur son calice ouvert!

---

[1] Pipe turque. La fumée passe à travers de l'eau fraîche parfumée à l'essence de rose.

[2] Nom du Rossignol en Orient.

Rapporte-t-on l'odeur au baume qui l'exhale?
Aux rameaux d'oranger rattache-t-on leurs fruits?
Va-t-on prêter des feux à l'aube orientale,
Ou des étoiles d'or au ciel brillant des nuits?

Non, plus de vers ici! Mais si ton regard aime
Ce que la poésie a de plus enchanté,
Dans l'eau de ce bassin[1] contemple-toi toi-même;
Les vers n'ont point d'image égale à ta beauté!

Quand le soir, dans le kiosque à l'ogive grillée,
Qui laisse entrer la lune et la brise des mers,
Tu t'assieds sur la natte, à Palmyre émaillée,
Où du moka brûlant fument les flots amers;

Quand, ta main approchant de tes lèvres mi-closes
Le tuyau de jasmin vêtu d'or effilé,
Ta bouche, en aspirant le doux parfum des roses,
Fait murmurer l'eau tiède au fond du narguilé;

Quand le nuage ailé qui flotte et te caresse
D'odorantes vapeurs commence à t'enivrer:
Que les songes lointains d'amour et de jeunesse
Nagent pour nous dans l'air que tu fais respirer;

Quand de l'Arabe errant tu dépeins la cavale
Soumise au frein d'écume entre tes mains d'enfant,
Et que de ton regard l'éclair oblique égale
L'éclair brûlant et doux de son œil triomphant;

---

1 Toutes les cours des maisons en Orient ont un jet d'eau au milieu et un bassin de marbre.

Quand ton bras, arrondi comme l'anse de l'urne,
Sur le coude appuyé, soutient ton front charmant,
Et qu'un reflet soudain de la lampe nocturne
Fait briller ton poignard des feux du diamant;

Il n'est rien dans les sons que la langue murmure,
Rien dans le front rêveur des Bardes comme moi,
Rien dans les doux soupirs d'une ame fraîche et pure,
Rien d'aussi poétique et d'aussi frais que toi!

J'ai passé l'âge heureux où la fleur de la vie,
L'amour, s'épanouit et parfume le cœur,
Et l'admiration, dans mon ame ravie,
N'a plus pour la beauté qu'un rayon sans chaleur.

De mon cœur attiédi la harpe est seule aimée;
Mais combien à seize ans j'aurais donné de vers
Pour un de ces flocons d'odorante fumée
Que ta lèvre distraite exhale dans les airs;

Ou pour fixer du doigt la forme enchanteresse,
Qu'une invisible main trace en contour obscur,
Quand le rayon des nuits, dont le jour te caresse,
Jette en la dessinant ton ombre sur le mur!

Le poète qui chantait ainsi, et qui rendait des Arabes sensibles au vers français, eh! quel autre poète celui-là pouvait-il être, sinon le premier de tous, M. De Lamartine?

Rencontrer M. De Lamartine dans son voyage, avoir été poussé dans ces sables par la même idée qui y avait poussé M. De Lamartine, quelle bonne fortune pour Victor Ogier!

Ils soupèrent ensemble, ils couchèrent à côté l'un de l'autre sur la même natte. — Oh, se disait Victor, si j'étais né poète, je dirais à mon génie : réveille-toi!

Mais Victor n'était pas né poète; il était comme tous les hommes quand ils sont jeunes et honnêtes : il aimait le beau et le bon sous toutes les formes, il avait besoin de poésie comme il avait besoin de pain. Sa poésie à lui était en dedans, cachée dans son ame, cachée dans son cœur : aussi était-il plein de reconnaissance pour ces hommes à part, poètes sur lesquels Dieu a soufflé, qui mettent en dehors toute la poésie de l'humanité.

Après avoir vu M. De Lamartine, après avoir entendu ses vers, Victor Ogier n'a plus rien à voir, plus rien à entendre dans le désert.

CHAPITRE X.
Le vieil Arabe.

Au moment où Victor Ogier allait se séparer du poète, ils furent abordés l'un et l'autre par un vieil Arabe que les ans avaient blanchi sans pouvoir le courber. — Jeunes gens, leur dit-il, je sais pourquoi vous êtes venus dans nos sables, et je vous approuve; cela est noble et beau d'aimer à voyager parmi les ruines et de chercher dans son voyage plutôt les hommes que les villes. Ainsi donc soyez bénis, et que Mahomet vous protège, nobles voyageurs, vous qui pensez encore aux Arabes! Hélas! le peuple arabe est à présent comme la source cachée du désert; on ne le voit plus, on ne l'entend pas, il est perdu dans les sables. Nous avons été pourtant les maîtres du monde; nous avons fait trembler l'Asie et l'Europe. Nous autres, les peuples pasteurs des campagnes de l'Yemen, nous avons donné le jour à Mahomet. Puis nous avons marché à sa suite et à la suite de ses disciples, et nous avons conquis la Perse et la Syrie, et nous avons conquis

Alexandrie et l'Égypte entière, et nous avons conquis Carthage et Maroc. Puis, de l'Afrique nous sommes allés en Europe, et nous avons pris l'Espagne aux rois des Goths, qui l'avaient prise aux Vandales, qui l'avaient prise aux Romains. Quel beau temps ce fut alors, quand l'Orient et l'Europe, le croissant et la croix se trouvèrent en présence sur les rives du Guadalèté ! L'Espagne courba la tête, et nous fûmes les maîtres de cette belle terre. O la belle terre où nous avons été les maîtres ! ô le beau royaume de Grenade ! Nous avons donné à cette riche terre d'Espagne ses rois, ses poésies, ses mœurs, son beau temps, ses beaux chevaux, ses belles Andalouses, l'Alhambra : elle a été heureuse et fière sous nos rois ! Mais enfin, après une lutte de huit siècles, nous l'avons perdue cette heureuse terre que nous avions conquise en deux années. Nous avons dit adieu pour jamais au beau ciel toujours bleu, aux grands fleuves toujours remplis, aux yeux noirs toujours humides, aux orangers toujours en fleurs ! Nous, peuple des villes, et des royaumes, et des cours brillantes, et des savantes académies, nous sommes redevenus le peuple vagabond, le peuple sous les tentes, le peuple des sables, le peuple des poésies chantées. Que sont-ils devenus, les anciens disciples de Mahomet, les Arabes du désert, les Arabes de Damas, les Arabes de Bagdad sous Harùn-al-Raschid (*Aaron le juste*), les Arabes qui ont bâti la mosquée de Cordoue et le palais d'Abdérame, couvert de toits dorés et soutenu par trois mille trois cents colonnes? C'est l'Arabe qui a introduit les arts et l'agriculture en Europe; c'est l'Arabe qui a donné à l'Europe ses meilleures charrues et ses plus tranchans cimeterres; c'est l'Arabe qui a donné à l'Europe la botanique, la chimie, la médecine, la chirurgie; en un mot, l'art de guérir. Nous lui avons donné la musique et l'astronomie, et la poésie, que nous avons gardée pour nous, quand nous avons quitté l'Espagne, comme la seule consolation de nos grandeurs passées. C'était alors qu'il fallait venir parmi nous, voyageurs, pour admirer un grand peuple! Que de livres nous avons laissés après nous que l'Espagne a brûlés, l'ingrate! *Divans, Fleurs, Jardins*[1]; ils ont tout détruit, tout perdu, tout oublié! Et nos trois célèbres académies, Cordoue, Séville, Grenade, fondées sur cette parole de Salomon : *L'académie des savans est un des prés du paradis!* Et nos soixante-dix bibliothèques publiques! tout cela est perdu! hélas, hélas! il ne nous reste rien de toutes ces grandeurs! Le Chrétien a brisé en entier la nation d'Abdérame et d'Almansor; il a brûlé un million cinq mille volumes, que nous lui avions laissés en partant. O malheur! de tant de chefs-d'œuvre, c'est à peine si nous avons retenu quelques vers du Calife Abdérame. Il était venu des déserts de l'Afrique pour élever le trône de Cordoue. Quand il mourut plein de gloire et chargé de vieillesse, il compta tous les jours de sa vie, et il trouva quatorze jours de bonheur. C'est lui qui fit apporter dans la cour de son palais un jeune palmier de Syrie, l'arbre de sa patrie, auquel il adressa ces vers que les Espagnols n'ont pas brûlés :

---

[1] Titres de poésies.

Toi aussi, palme brillante, tu es étrangère en ces lieux. Le doux zéphyr des Algarves te balance et te caresse ; plantée dans un sol fertile, tu élèves ta cime jusqu'au ciel ; et pourtant tu verserais des larmes amères, si tu pouvais sentir comme moi. Tu ne souffres pas les inquiétudes d'un sort agité, ni les pluies de douleur qui m'inondent sans cesse. J'ai arrosé de mes larmes les palmes que baigne l'Euphrate ; mais les palmes et le fleuve ont oublié mes peines, depuis que les destins contraires et les cruels Abassydes m'ont arraché aux doux objets de ma tendresse. A toi, il ne te reste aucun souvenir de notre chère patrie ; moi, en pensant à elle, je pleure tristement.

Disant ces mots, le vieil Arabe lui aussi embrassait en pleurant le palmier sous lequel il était assis.

Quand le vieillard fut un peu revenu de son émotion, il reprit en ces termes son récit commencé :

—Oui, disait-il, c'est l'Arabe qui a porté la civilisation en Europe. Non-seulement nous avons donné à l'Europe notre poésie, mais encore nous lui avons enseigné la poésie antique. Nous avons passé par la Grèce, nous autres sauvages, comme la Grèce a passé par l'Orient. Que de livres grecs nous avons laissés dans nos bibliothèques de Séville et de Cordoue! C'est à nous que le monde doit Euclide, sauvé par une traduction arabe. C'est nous qui en médecine avons fondé l'école de Salerne; c'est nous qui avons inventé cette admirable architecture gothique, capricieux et charmant mélange de l'architecture grecque et de l'architecture orientale. Sous ce rapport tous les monumens du Midi de l'Europe nous appartiennent. Vous avez un pays chez vous qui s'appelle la Provence, une contrefaçon de l'Italie, la patrie des troubadours : ce sont les Arabes qui ont fait les troubadours. Nous avons donné les romances à la Provence; romances historiques, romances pastorales, romances moresques, poésie qui fut autrefois la poésie de la Catalogne et de l'Arragon, de la Navarre et du pays de Valence; poésie chantée également à la cour de Charlemagne, sous les comtes de Barcelonne, sous les rois d'Arragon. C'est l'Arabe qui a donné la *rime* à la poésie provençale. Mais laissons-là les futiles présens que nous avons faits à l'Europe, comparés à des bienfaits d'une plus haute importance. Nous autres sauvages Mahométans, nous avons civilisé l'Europe chrétienne; nous lui avons enseigné l'humanité, la tolérance, la pitié pour les peuples vaincus, l'hospitalité, la bienfaisance, les vertus de la paix et de la guerre. Nous lui avons donné la chevalerie, cette source féconde de hauts faits, et de nobles actions, et de chastes amours. La chevalerie, cette auréole des guerriers, cette noblesse des nobles, cette éducation des plus sauvages, cette fraternité de la guerre, cette bienveillante protectrice des dames et des orphelins. Avant les Arabes il n'y avait que des soldats dans les troupes du Nord: les Maures ont donné la chevalerie aux Espagnols, les Espagnols aux Français, les Français au reste du monde. Vive la bravoure à la guerre! non pas la bravoure brutale, qui pille, qui brûle et qui tue; mais la sage et honorable bravoure, qui se défend, qui attaque, qui triomphe, qui persévère, qui sait mourir, qui invoque au milieu du combat son Dieu et sa dame. Avant qu'il n'y eût une chevalerie arabe, il suffisait d'aller en avant pour être un soldat; la gloire n'a pas été mise à un prix aussi facile chez nous. Huit vertus composent le guerrier : la bonté, la valeur, la poésie, l'éloquence, la force, la grâce, l'équitation, l'escrime. Comme vous voyez, la science de l'esprit passe chez nous avant les exercices du corps. Mais, mon Dieu, pourquoi m'arrêter ainsi aux temps modernes? ne dirait-on pas, à m'entendre, que l'Arabe n'est pas plus vieux que l'Espagnol? L'Arabe est vieux comme le monde. C'est un Arabe qui au temps des premiers Grecs, Cécrops et Inachus, apporta à ces Grecs les premiers germes de la civilisation égyptienne. Mais, pauvre Arabe, qu'es-tu devenu depuis ce temps-là!

Ici le vieillard fit encore une fois silence, confondu qu'il était en présence des destinées passées de sa nation, comparées à ses destinées présentes. Les Arabes l'écoutaient avec une admiration mêlée de tristesse, un orgueil qui n'était pas sans humiliation. Une si antique origine; tant de travaux entrepris; tant de conquêtes; tant de royaumes dont ils s'étaient emparés pour les perdre ensuite; tant de services rendus à la civilisation du monde qui les a oubliés; tant de gloire; tant de prospérités et tant d'opulence; tant de beaux livres; puis, à présent, tant de durs travaux; tant de misères, et le sable pour tout héritage! voilà tout ce que l'errante tribu avait compris dans le discours du vieillard.

Voilà aussi pourquoi le vieillard, voyant les siens si humiliés et si tristes, se mit à réciter cette prière; car la prière et la poésie, ce sont là les deux grandes consolations des hommes et des peuples tombés.

« Au nom du Dieu clément et miséricordieux :

« Hommage au Très-haut, qui seul peut repousser loin de nous le malheur et nous mettre à l'abri des trahisons; qui seul peut entendre les brûlans désirs de ses fervens adorateurs dans ses deux habitations, qui est le seul but du culte des hommes dans les deux mondes. Tous les mortels sont faibles, lui seul est fort; tous les humains sont pauvres, lui seul est riche. Lui seul accorde la conservation et le secours; il pardonne les fautes, il reçoit le repentir; il punit sévèrement, mais il est doux et patient. — Il n'y a de Dieu que lui. Y a-t-il un autre créateur que le Très-Haut? — Il accorde à votre esprit la nourriture spirituelle; à votre corps, la nourriture temporelle. — Il n'y a de Dieu que lui. Oui, par celui qui écoute et qui voit, il n'y a de Dieu que lui; par celui qui connaît ce qui est manifeste et ce qui est caché, il n'y a de Dieu que lui. — Moïse, lorsque Dieu lui parla sur le Mont-Sinaï, prononça ces mots : « Il n'y a de Dieu que lui. » — Jonas, dans le ventre de la baleine, lorsque le Très-Haut lui fit entendre sa voix, s'écria : Il n'y a de Dieu que Dieu. — Joseph, au fond du puits, lorsque Dieu le consola, dit aussi : « Il n'y a de Dieu que Dieu. » — Abraham, dans la fournaise ardente [1], lorsque Dieu lui apparut, proclama cette vérité. « Il n'y a de Dieu que lui. » — Oui, nous confessons qu'il n'y a de Dieu que Dieu seul, qu'il n'a point d'associés. Il est le vivant; il n'y a de Dieu que lui.

---

[1] Les Orientaux disent que Nemrod fit jeter dans une fournaise ardente Abraham, qui lui annonçait le culte d'un seul Dieu, et que ce patriarche en sortit sain et sauf.

« Sachez que le monde est périssable, et que ses plaisirs sont passagers. Nous y passons nos jours dans l'esclavage, pour avoir du pain, et la mort vient bientôt les terminer. — O mes frères, nous avons un corps faible, un léger viatique, une mer profonde à traverser et un feu dévorant à craindre... Le pont Sirat [1] est bien étroit, la balance bien juste; le jour de la résurrection n'est pas éloigné. Le juge de ce grand jour sera un seigneur glorieux. En ce moment terrible, Adam, le pur en Dieu, dira : « O mon ame, ô mon ame! » Noé, le prophète de Dieu; Abraham, l'ami de Dieu; Ismaël, le sacrifié à Dieu; Joseph, le véridique en Dieu; Moïse, l'allocuteur de Dieu; Jésus-Christ, l'esprit de Dieu, prononceront la même parole. Mais notre prophète, notre intercesseur, s'écriera : « O mon peuple, ô mon peuple! » et le Très-Haut (que sa gloire éclate à tous les yeux, que ses bienfaits s'étendent à tous les hommes!) fera enten-

---

[1] Ce pont est plus fin que le cheveu, plus affilé que le rasoir. Les élus le passeront avec la vitesse de l'éclair, avec la vélocité du vent; mais les réprouvés glisseront et se précipiteront au milieu du feu éternel.

dre ces mots consolans : « O mes serviteurs, ô mes serviteurs !.... non, ils n'auront rien à craindre; non, la tristesse n'approchera pas d'eux. »

Et comme la prière d'un vieillard est toujours respectable, quelle que soit la religion de ce vieillard, et comme cette prière était grande, belle et touchante, et comme c'est là un grand et solennel spectacle les débris d'un grand peuple qui a accompli sur la terre toute sa destinée, et qui, après avoir marché en avant des siècles, marche à leur suite, et, pour ainsi dire, à leur remorque, les deux Français s'unirent du fond de leur cœur à la prière du vieillard.

CHAPITRE XI ET DERNIER.

Les adieux de Victor Ogier à l'Orient.

Voilà comment notre voyageur fut initié quelque peu à toutes les idées qui vivent encore dans le monde oriental. Mystères de poésie merveilleuse, mystères d'un temps passé, mystères qui remontent à la création; poésie toute d'inspiration et de sentiment; philosophie pratique; croyance toujours nouvelle et jeune toujours; peuple qui voyage dans les sables, et qui vit sous la tente; peuple qui prie, peuple qui chante, peuple qui espère et qui se souvient; toujours vieux et jeune toujours. L'hospitalité arabe fut ouverte à Victor; il en profita naïvement et simplement, comme elle lui était offerte; et quand enfin, après avoir erré çà et là d'un désert à l'autre, d'une ruine à une autre ruine; après avoir prêté l'oreille à toutes les poésies de la vie nomade, champêtre et guerrière, le moment fut venu pour Victor Ogier de quitter cette terre de feu et de passion et d'aventures, pour retourner en France, notre ami Victor se sentit triste et malheureux. Il lui semblait qu'il disait adieu à sa patrie, et qu'il allait entrer dans des pays étrangers.

Il prit donc congé du vieil Arabe, qui le bénit; il prit aussi congé du grand poète, qui le bénit aussi de son doux et mélancolique regard; il prit congé de toutes ces ruines et de cet étincelant soleil. Adieu! adieu! adieu!

A l'heure qu'il est, Victor Ogier est de retour en France, où il raconte, mieux que je ne l'ai pu faire, toutes les aventures de son voyage; et nous autres habitans des villes nous prêtons une oreille attentive à ce jeune homme, notre camarade, qui a vu tant de choses, entendu tant de choses, et qui revient de si loin!

M. De Lamartine lui aussi est de retour; il a trouvé là-bas sous le soleil de l'Orient la confirmation de sa poésie; il a rapporté de là-bas bien des souvenirs, bien de la gloire, bien des douleurs aussi. Il en a rapporté un poème tout entier; mais aussi il en a rapporté le corps de sa fille; pauvre enfant, partie si jeune et si riante, que la mort a touchée et qui revient dans un cercueil! Il faut plaindre et respecter les poètes, leur gloire leur coûte bien cher!

Comme Victor Ogier quittait le désert, il fut encore obligé de passer dans un camp arabe. A l'aspect de ces hommes qui avaient été si hospitaliers pour lui, qui lui avaient confié leurs chevaux, qui lui avaient raconté leurs histoires, qui lui avaient récité les vers de leurs poètes, qui lui avaient versé le lait de leurs chamelles, notre jeune homme se sentit le besoin de leur dire adieu avant de les quitter pour toujours. Mais comment leur dire adieu? comment se faire entendre par la voix à ces hommes habitués à tant d'éloquence et de poésie? Heureusement pour lui, Victor Ogier venait de quitter M. De Lamartine, et il eut une inspiration qui vous paraîtra belle.

Il s'avança vers les Arabes au galop de son cheval, et il s'écria à haute voix — *Mahomet! Mahomet!* Mahomet, c'était tout dire; c'était dire à ces pauvres Arabes: un Arabe comme vous a créé tout un monde; un Arabe comme vous a fait trembler l'Europe; un Arabe comme vous a civilisé une partie du monde. — *Mahomet! Mahomet!*

Mais voyez le génie arabe, qui pousse et qui se montre à propos de toutes choses! l'adieu de Victor Ogier fut compris. Ce moment de poésie qu'il avait trouvé charma les Arabes; ils se levèrent tous en silence, et ensuite tous et tout d'un coup, et en levant la main au ciel, ils s'écrièrent — *Bonaparte! Bonaparte!*

C'était, en effet, la seule manière de répondre dignement aux adieux de notre voyageur : *Mahomet! Mahomet!*

FIN DU VOYAGE DE VICTOR OGIER ET DU TOME I.ᵉʳ

TABLE

DU TOME PREMIER.

	Pages.
Préface	v
Les voyages de Victor Ogier en Orient..	1
Chap. I.er Préliminaires.............	ib.
— II. Ce que c'était que Victor Ogier ...	10
— III. Départ de Victor Ogier pour l'Orient.	34
— IV. Victor Ogier parmi les Ruines de la Grèce	41
— V. Victor Ogier arrive en Orient ...	55
— VI. Aspect de Jérusalem	63
— VII. Ils s'enfoncent dans le désert ...	84
— VIII. Pensées de morale	117
— IX. D'une rencontre que fit Victor Ogier...................	181
— X. Le vieil Arabe ....,.....	189
— XI. Les Adieux de Victor Ogier à l'Orient...................	200

$$\begin{array}{r}248\\242\\224\\\hline 684\end{array}$$

www.ingramcontent.com/pod-product-compliance
Lightning Source LLC
Chambersburg PA
CBHW071948160426
43198CB00011B/1601